博物馆
藏品管理与档案建设

赵振中 张宁 姜东兴 著

汕头大学出版社

图书在版编目（CIP）数据

博物馆藏品管理与档案建设 / 赵振中，张宁，姜东
兴著. -- 汕头：汕头大学出版社，2022.11
　　ISBN 978-7-5658-4856-8

　　Ⅰ．①博… Ⅱ．①赵… ②张… ③姜… Ⅲ．①藏品保
管（博物馆）－研究 Ⅳ．①G264.2

中国版本图书馆CIP数据核字(2022)第213168号

博物馆藏品管理与档案建设
BOWUGUAN CANGPIN GUANLI YU DANGAN JIANSHE

作　　者：赵振中　张　宁　姜东兴
责任编辑：郭　炜
责任技编：黄东生
封面设计：刘梦杳
出版发行：汕头大学出版社
　　　　　广东省汕头市大学路243号汕头大学校园内　　邮政编码：515063
电　　话：0754-82904613
印　　刷：廊坊市海涛印刷有限公司
开　　本：710mm×1000 mm　1/16
印　　张：8.75
字　　数：150千字
版　　次：2022 年 11 月第 1 版
印　　次：2023 年 1 月第 1 次印刷
定　　价：46.00 元
ISBN 978-7-5658-4856-8

前言

博物馆作为收藏、教育和科学研究机构，在我国文化建设过程中起着重要的作用。博物馆藏品的历史和文化价值较高，是我国珍贵的历史文化财富，揭示了历史发展的规律和人类科学文化发展进程。在整个博物馆建设和发展过程中，藏品是其中一项重要内容，能够展示出极高的经济价值和人文价值，相关工作人员需要对其管理提高重视程度。

在当今社会不断发展的背景下，博物馆的档案管理也发生了重大改变，一般来说，档案就是人们在具体的工作中进行的相关记录，想要使档案管理更加科学合理，就必须要求所有相关博物馆工作人员对档案建设的高度重视。做好博物馆档案的建设管理工作，在经济、科技和文化教育飞速发展的今天对博物馆的发展有十分重要的意义。

本书首先重点围绕博物馆藏品的搜集与管理、博物馆藏品的保护与研究展开论述；其次通过分析档案管理理论与业务流程，进一步讨论博物馆档案管理的相关内容。

笔者在撰写本书的过程中，得到了许多专家学者的帮助和指导，在此表示诚挚的谢意。由于笔者水平有限，加之时间仓促，书中所涉及的内容难免有疏漏之处，希望各位读者多提宝贵意见，以便笔者进一步修改，使之更加完善。

目录

第一章　博物馆藏品的征集与管理 ···················· 1

　第一节　博物馆藏品概述 ························· 1

　第二节　博物馆藏品的征集工作 ··················· 5

　第三节　博物馆藏品管理及工作流程 ··············· 9

　第四节　博物馆藏品的数字化管理 ················· 24

第二章　博物馆藏品的保护与研究 ···················· 31

　第一节　博物馆藏品保护的理念与对策 ············· 31

　第二节　博物馆藏品保存的环境分析 ··············· 44

　第三节　藏品研究对博物馆发展的意义 ············· 56

　第四节　博物馆藏品研究的内容与方法 ············· 59

第三章　档案管理理论与业务流程 ···················· 64

　第一节　档案管理的基本理论 ····················· 64

　第二节　档案收集、整理与鉴定 ··················· 77

第三节　档案登记统计与检索 …………………………………… 95

第四节　档案编研、保管与利用 ………………………………… 110

第四章　博物馆档案管理与数字化创新 ………………………… 119

第一节　博物馆藏品档案管理 …………………………………… 119

第二节　博物馆展览档案管理 …………………………………… 123

第三节　博物馆人事档案管理 …………………………………… 124

第四节　博物馆数字化档案管理 ………………………………… 127

结束语 ……………………………………………………………… 130

参考文献 …………………………………………………………… 131

第一章　博物馆藏品的征集与管理

博物馆起源于人类对遗产的收藏、保护与利用实践。藏品征集是为博物馆增加馆藏的重要手段。藏品管理则是博物馆的一项主要业务活动，是为博物馆其他各项业务工作提供物质保障的重要基础工作。本章内容包括博物馆藏品概述、博物馆藏品的征集工作、博物馆藏品管理及工作流程、博物馆藏品的数字化管理。

第一节　博物馆藏品概述

博物馆藏品，是国家和民族宝贵的科学文化财产，是博物馆开展各项业务活动的重要物质基础。藏品定义体现出博物馆工作对象与范畴，随着博物馆事业的发展，藏品种类和范围也在不断扩大。

一、博物馆藏品的定义理解

博物馆的藏品，是博物馆根据本馆的性质、特点、任务，按一定标准有计划入藏的具有历史价值、艺术价值和科学价值的有关文物、标本和实物资料等物件，它是国家和民族宝贵的科学文化财产，是博物馆业务活动的物质基础。

普通博物馆一般都收藏可移动的文物、标本等物件。可以搬进库房收藏的文物就是通常所说的"庋藏文物"或"馆藏文物"。

还有一部分博物馆，其建筑物本身就是文物。例如，故宫博物院所在的整个建筑群，是国家级重点文物保护单位。也可以说整个故宫建筑和庭院都是故宫博物院的藏品。有些遗址类博物馆，把大面积的遗址、墓地用现代建筑物保护起来，例如西安市的半坡博物馆，把整个新石器时代的村落遗址都变成了博物馆内的藏品。还有一种日益流行的做法就是办露天博物馆，例如日本发掘的新石器时代的稻田遗址，就采用了这种办法。英国比米什博物馆也采用这种方式保存和展示反映英国早期工业发展和与当地居民生活有关的建筑、机械装置、各类实物和资料信息等。由此可见，博物馆的藏品并不限于可移动的物件，还包括不可移动的建筑物、遗址、墓地等。所谓"收藏"的概念，也由藏于室内而扩大到露天管理。

广义而言，凡是经过选择确定为博物馆所有产权的文物（包括文物保护单位）、自然标本和实物资料等，均可视为博物馆的藏品。

二、博物馆藏品的类型

博物馆藏品可大致分为四种：文物、自然标本、实物资料、非实物记录和非物质文化遗产。

（一）文物

"文物"一词在我国古代早已出现，只是该词的含义古今有所不同。最早的文和物是两个词，其中的"文"是指礼仪制度规定的各种纹饰图案；"物"是指礼仪活动中使用的器具。"文物"合成词兼有两方面含义：一方面是指礼乐典章制度；另一方面是指与典章制度相关的礼器、乐器，并进一步引申泛指有历史、艺术价值的古代遗物。关于文物的定义，目前主要有如下几种：

文物是人类在社会活动中遗留下来的具有历史、艺术、科学价值的遗迹和遗物。也可以说，文物是历史上人们创造的或与创造活动有关的物质文化和精神文化的遗存，具有历史、艺术、科学价值，是重要的物质文化遗产。

文物，是指历代遗留下来的在文化发展史上有价值的东西，如建筑、碑刻、工具、武器、生活器皿和各种艺术品等。

根据目前国际惯例，文物是指 100 年以前制作的具有历史、艺术、科学价值的实物。例如，1995 年 6 月 14 日在罗马制定的《国际统一私法协会关于被盗或者非法出口文物的公约》，其附件所列举的第 5 条"一百年前的古物，如铭文、钱币和印章"；第 11 条"一百年以前的家具物品和古乐器"。

当代中国根据文物的特征，结合中国保存文物的具体情况，认为文物是指人类社会历史发展进程中遗留下来的、由人类创造或者与人类活动有关的一切有价值的物质遗存的总称。

参考上述文物定义，依据《中华人民共和国文物保护法》，我们认为：文物是不可再生的文化资源，是具有一定历史、艺术、科学价值的由人类文化所产生的物质遗存。

（二）自然标本

自然标本包括两类：一类是经过整理而保持原形的动物、植物、矿物等的实物样品，供观摩研究之用。如自然博物馆的东北虎标本。另一类是经过自然界的作用，保存于地层中的古生物遗体、遗物和它们的生活遗迹，即古生物学的主要研究对象，包括古脊椎动物化石和古人类化石。如北京自然博物馆的恐龙化石等。

自然标本从质地和有利于保管、保护的角度来看，可分为无机成分和有机成分的自然标本。无机成分的自然标本包括岩石标本和矿物标本、土壤标本、古生物与古人类标本；有机成分的自然标本包括植物学标本、动物学标本等。自然标本中动、植物标本在制作方法上分为生态型的剥制标本、假剥制标本，还有浸制标本等。

（三）实物资料

随着博物馆事业的不断发展，我国博物馆的类型越来越丰富，目前，已出现了许多行业性博物馆或称专门性博物馆，如煤炭博物馆、茶叶博物馆、工艺美术博物馆等，以及专业性极强的科技类博物馆，如航空博物馆、音像博物馆等。这些博物馆中的收藏品，大都属现代的产品或作品，但按照历史的观点和文明延续的观点，现代作品中的典型产品也是将来时代重要的"历史遗留下来的在文化发展史上有价值的东西"①,它们会成为未来时代的文物。这些博物馆中的收藏品既不同于我们现在所说的文物,又有别于自然标本,因此,我们把它们称为实物资料或科技成果、艺术作品,它们同样也是人类社会生产、生活所创造和保存的物质财富,同样属于博物馆藏品的一个种类。

（四）非实物记录和非物质文化遗产

博物馆藏品中反映和记录客观真实存在和发生的现象与过程的文字、图像、音像和数字记录等资料,记录这些资料的载体（媒体）本身不具有文物价值,但记录的内容具有文物价值。因而这些记录资料被称为非实物记录。例如,"VCD视盘《百年盛典》"1840号,入藏中国革命博物馆。

在联合国教科文组织通过的《保护非物质文化遗产公约》第一章总则第2条中,"非物质文化遗产"指被各社区、群体,有时为个人,视为其文化遗产组成部分的各种社会实践、观念表述、表现形式、知识、技能及相关的工具、实物、手工艺品和文化场所。这种非物质文化遗产世代相传,在各社区和群体适应周围环境以及与自然和历史的互动中,被不断地再创造,为这些社区和群体提供持续的认同感,从而增强对文化多样性和人类创造力的尊重。

按照这一定义,"非物质文化遗产"包括以下内容:①口头传统和表现形式,包括作为非物质文化遗产媒介的语言;②表演艺术;③社会实践、礼仪、节庆活动;④有关自然界和宇宙的知识和实践;⑤传统手工艺。

三、藏品范围的扩展

随着博物馆事业的不断发展,博物馆藏品的范围也在逐步发生着变化。主要表现为,藏品范围随文物范围的拓宽而扩大,由原来传统的可移动的物件扩大到不可移动的文物古迹;藏品收藏也从室内（库房）管理扩展到室外（露天博物馆）管理。藏品范围随着文物时限的延长而扩展,由传统的古代文物扩展到近代文物、现代文物。藏品范围随着遗产形态的扩展而拓宽,由传统的实物拓宽到包括非实物记录和非物质文化遗产在内的非实物的文化资源。

---

① 《博物馆学概论》编写组.博物馆学概论[M].北京:高等教育出版社,2019:86.

第二节 博物馆藏品的征集工作

藏品征集是一项科学性很强的工作，并且有其自身的工作规律，必须建立在科学研究的基础之上，按照征集工作的规律来办事。这就要求博物馆工作者理解并掌握征集工作的规律和方法，明确征集工作的基本要求，不断提高征集工作的质量，以便取得更好的工作成效。

一、博物馆藏品征集的途径

藏品征集是博物馆根据本馆的性质、特点和任务需要，通过各种途径，有计划有目的地不断积累补充文物、标本和实物资料等物件的一项基本业务工作。从根本上说，征集工作也是博物馆一项科学性极强的研究工作。藏品征集的目的，一是为珍藏、保存文物，从而妥善地保护文物，使其传之子孙后代；二是为陈列展览提供展品，使陈列展览更生动、形象，更具说服力；三是为科学研究提供实物资料，使科学研究建立在广泛的科学的基础之上。

藏品征集途径主要包括以下四个方面：

（一）社会征集

社会征集是指博物馆对流散在社会上的各种物件的搜集。主要有以下几种方式方法：

（1）专题征集。专题征集是指根据某一专题，有目的有计划地进行的搜集工作。这是博物馆征集工作中经常性的、行之有效的工作方法。这种专题征集，具有目标明确具体、工作主动深入、力量集中等特点，因而常常能够较快地取得需要的材料，收到明显的效果。这也是博物馆积累藏品的主要手段之一。

（2）收购。这是博物馆利用经济手段积累藏品的工作，即由博物馆付给那些传世文物或标本等物件的拥有者一定的经济代价，从而将其收藏的文物标本等物件购归博物馆所有。这是国家保护文物标本、积累博物馆藏品必不可少的一种手段。

（3）接受捐赠。即博物馆接受机关团体或个人捐赠文物标本等物件。这是博物馆藏品征集的又一重要方法。

（4）调拨。是指由上级主管部门按各博物馆的性质与需要，有计划地拨给有关文物和标本等物件；或是博物馆之间，一方无条件地支援另一方，拨给对方有关藏品，调拨是无代价的单方面的拨出或收进。

（5）馆际交换。是指博物馆与博物馆之间的藏品相互交换。是以本馆重复品较多，或与本馆性质、任务不相适应，而又为对方博物馆所需的那些藏品，换取适合本馆需要的藏品。这种馆际交换，体现了博物馆之间互通有无、以余补缺、相互支援的协作精神，有利于充分发挥馆藏文物标本的作用，有利于博物馆事业的发展。

（6）接收移交。是指博物馆接收科学考察队、考古工作队、文物商店、海关、银行、废品公司、冶炼厂、造纸厂等有关单位拨交的文物、标本等，也称拨交。其目的是使这些珍贵的文物标本受到妥善的保护、保存和利用，以满足博物馆各项业务活动的需要，丰富博物馆各项业务活动的内容。这种拨交一般都是单方面地拨出或收进，没有互惠性。

（7）借用。是指博物馆为了举办陈列展览等业务工作的需要，采取向其他有关文博单位借用藏品在本馆中加以使用的方式。借用，不改变藏品的所有权，只改变藏品的使用地点，它可以提升借入馆藏品的品质。

（二）民族学调查征集

民族学调查是征集民族文物的主要途径。深入民族地区，实地调查搜集是主要的工作方法。开展民族学调查征集，基本上是在少数民族地区进行。接触的对象，基本上都是少数民族群众。而每一个民族都有着自己的民族意识，都有着自己传统的风俗习惯和生活方式。因此，在民族学调查征集工作中十分讲究工作方法的合理性。

（三）考古发掘

考古发掘是用科学的方法发掘埋藏在地下或水下的文物，并用科学方法来研究古代人类活动留下的遗存，以揭示古代历史的真实面貌。我国地下埋藏的文物非常丰富，因而考古发掘成为文物征集的广阔渠道。有目的、有针对性地组织考古发掘，不仅是博物馆征集藏品的重要途径和博物馆藏品的重要来源，还可以为博物馆的陈列、研究和社会利用提供科学依据。

（四）自然标本采集

自然标本是各专门性自然博物馆和综合性博物馆开展各项业务活动的物质基础。采集岩石、土壤、矿物、动物、植物等自然标本是这些博物馆经常性的主要工作之一。各种自然标本的取得，除了向有关研究单位、标本培植场、地质勘探队等单位搜集外，主要是依靠本馆和配合各种有关的科学考察队去野外采集。采集自然标本，是一项细致的工作。矿物、植物、动物等不同性质的标本，有不同的采集方法；即使是同一性质的标本，采集的方法也不尽相同。因此，采集人员必须学习并掌握有关采集的知识和技能，只有这样才能做好采集标本的工作。

二、博物馆藏品征集工作的要求

征集工作的要求主要有以下几点：

第一，成立专门机构或委派专人。为了有效地开展征集工作，博物馆应该设立必要的征集工作机构。在大型博物馆可以设立专门的征集部门；中小型博物馆也可以在有关部门内设立征集小组或配备专职征集人员，从事经常性的藏品征集工作。

第二，制订科学的征集计划。博物馆开展藏品征集工作，必须在调查研究的基础上，根据本馆的性质、特点、陈列展览和科学研究的实际需要，根据本馆藏品的数量、质量，根据征集线索与本馆的人力、财力情况，制订科学的征集计划，以便有目的、有准备、有步骤地开展征集工作。

第三，征集成套完整的实物资料。开展征集工作，应该逐步建立与本馆性质相适应的完整的藏品体系。征集的重点应放在本馆藏品中的空白和薄弱环节，尽可能地填补缺口，以保证藏品的系统性、完整性。因而在征集活动中，必须重视征集工作的科学性和征集对象的完整性，必须把那些有着内在联系的可以全面、系统地说明某一方面问题的成组材料搜集回来。

第四，做好近现代文物、民族民俗文物及与非物质文化遗产相关物件的抢救性征集。随着社会经济的飞速发展，新旧事物的交替也非常迅速，近现代的革命文物和民族民俗文物，都亟须抢救性征集。由于革命文物的年代较近，相当部分反映群众运动的文物还散存于民间，有的在社会生活中还发挥着作用。同样，民族民俗文物也有许多是流散在社会上的近现代的实物资料，人们都能经常地见到它，用到它，所以就不太容易为人们所注意。许多几年前常见的东西，随着物品的更新，有的在今天已很难见到，甚至已无处可觅。如果不及时地组织力量进行专门征集和抢救这些面临绝迹的文物，时间一长，将会使这些实物资料自行消失，给历史留下一段空白。因此，对近现代的革命文物、民族民俗文物，应积极主动、不失时机地做好抢救性征集工作。

同样，随着经济全球化趋势的加强和现代化进程的加快，我国的文化生态也在发生着巨大的变化，当下引人关注的"非物质文化遗产"受到越来越大的冲击。非物质文化遗产涉及面相当广泛，与其相关的物件多散存于民间，且长时间没有引起足够的重视，许多传统技艺濒临消亡，大量有历史、文化价值的珍贵实物与资料遭到毁弃或流失境外。尤其是在非物质文化遗产相对丰富的少数民族聚居地区，由于人们生活环境和条件的变迁，民族或区域文化特色消失加快，代表这些民族或区域文化特色的相关物件也随之不断消亡。在诸如"剪纸之乡""刺绣之乡"中，民间传承人越来越少，传统的剪纸、刺绣被取代，年轻人对于传统的记忆越来越模糊。长此下去，那些与"非物质文化遗产"相关的物件，势必也将随着社会的发展、科学技术的进步和人们生活习惯的改变而日益减少，逐渐淡出人们的生活。非物质文化遗产相关物件的抢救性征集也成为迫在眉睫亟须做好的重要工作。

第五，严格做好科学的原始记录。科学的原始记录是决定征集品是否具有科学价值的关键，在征集工作中具有头等重要的意义。如果没有原始记录或原始记录不符合科学要求，征集而来的文物标本和其他各项资料，将因没有科学根据而降低或丧失收藏、陈列和科学研究的价值。因此，我们要对征集时所做的原始记录给予充分重视。

三、博物馆藏品征集的范围

藏品征集的范围，主要应根据博物馆的性质、特点来确定。一般而言，历史类博物馆应征集各类文物文献资料。革命史类博物馆应征集各类近现代文物。纪念类博物馆应征集反映历史事件或历史人物的各类文物。遗址类博物馆应该征集与遗址相关的各类文物资料。文化、文体艺术类博物馆应征集文体艺术方面的各类文物资料。民族民俗类博物馆应征集有关各民族特别是少数民族社会历史、政治、经济、文化以及生产、生活、宗教习俗等方面的实物和文献资料，包括民族志、照片、录音、录像等。自然科技类博物馆应征集各类自然标本和科技成果等。地志综合性博物馆征集范围较广，包括地方历史的、革命的、自然的和社会主义建设时期的各种有关文物、标本等物件和文献资料。其他专门类博物馆应征集符合本馆性质、特点和任务需要的各种有关的实物和文献资料以及照片、录音、录像等。

第三节　博物馆藏品管理及工作流程

藏品管理是博物馆工作中一项经常性的重要工作，主要包括对藏品的保藏、保养、保护和整理、研究。藏品管理又是博物馆工作中规律性极强的业务活动，需要制定、实行严格的规章制度，才能确保藏品安全。

一、博物馆藏品管理的基本知识

（一）对藏品管理含义的理解

藏品管理从字面上讲有"管和理"两方面的含义。

藏品管理的"管"，是指博物馆对藏品所进行的保藏和保护，以便长期保存。它包含两方面内容：一是藏品作为国家和民族文化财产的保藏，二是为使藏品永久存在而进行的藏品保护。

藏品管理的"理"，是指博物馆对藏品所进行的整理和研究，以便于提供使用。它也包含两方面内容：一方面是对"内"的，指保管人员为使自己的"管"的工作能做得更好、更科学而进行的一系列整理和研究工作，以利于更好地保藏和保护藏品。另一方面是对"外"的，指保管人员为博物馆内其他部门和馆外的社会各界利用藏品提供方便服务所做的工作，以利于更好地发挥藏品作用，包括鉴定真伪，判定年代、产地，检测质地，详细地分类、编目，合理地排架，公开出版藏品目录和图录，等等。

另外，整理研究也是为了更好地保藏和保护藏品而进行的。比如说，什么质地的藏品用什么方式保藏效果最好，这就是很大的研究课题。又如，哪类藏品使用率高或低，如何排架才能使其取用方便又减少损坏概率，这也是一个研究课题。这些问题"理"清了，"管"也就更有效了。

藏品管理是博物馆业务活动的重要组成部分，是博物馆实现其收藏机构职能的重要基础工作，是博物馆对藏品进行保藏、保养、保护、整理、研究等一系列工作的总称，其目的是为了藏品的永久保存，并为提供利用创造方便条件。

（二）博物馆藏品管理的内容与范畴

关于藏品管理工作，自 20 世纪 80 年代以来，一般都认为是有一定的工作程序的。如 1985 年出版的《中国博物馆学概论》提出：藏品管理包括用科学的方法管理库房和对藏品进行科学的鉴选、分类、登记、鉴定、分级、编目、建档等项工作，库房管理中又包括提用、注销和统计。1993 年出版的《博物馆藏品保管工作手册》提出藏品管理的一般工作程序是：接收、鉴选、登记、编目、入库、保管、提用、统计和注销等。2012 年出版的《博物馆藏品保管工作指引》提出的藏品管理的一般工作程序与《博物馆藏品保管工作手册》提出的程序完全一致，只是在论述藏品保管工作基本程序时，提出藏品保管工作"逐步形成了非常系统、非常严谨又相互关联、相互制约的工作程序，使藏品搜集、接收与鉴选、藏品登记、藏品定级、分类、编目与建档、藏品的注销与统计，藏品的安全利用成为系统的工作链条"。

《博物馆藏品管理办法》明确指出，博物馆对藏品负有科学管理、科学保护、整理研究、公开展出和提供使用（对社会主要是提供藏品资料、研究成果）的责任。这实际上就是提出了藏品管理工作的内容和范畴。

藏品管理的内容和范畴应该包括为了实现藏品妥善保藏和充分利用而做的一系列工作，也就应该包括对藏品所进行的科学管理、科学保护、系统整理和科学研究。这样，一方面可以尽量延长藏品的寿命，使其自然属性长久不变；另一方面可以为馆内其他部门和社会各界利用藏品创造更多的方便条件和提供更高质量的服务。

因此，藏品管理工作的内容和范畴应该包括从藏品征集到藏品保护的全部工作。其中，藏品征集是藏品管理的前奏序曲，它为藏品管理提供工作对象；藏品保护是藏品管理的伴侣，它从始至终都在为藏品管理工作对象保驾护航。

（三）博物馆藏品属性与管理目的

藏品管理的目的，是由藏品的双重属性所决定的。

1. 藏品的双重属性

博物馆的藏品具有双重属性：第一重属性是藏品的自然属性，它是每件藏品固有的物理性质和化学性质，如形状、体积、重量、质料等。第二重属性是藏品的社会属性。它是藏品作为人类文化产物而具有的属性，即通过这种实物可以了解制造或使用（有时包括毁坏、丢弃）这些东西的人们有什么样的行为、思想、技术、风俗、制度、组织等。它不仅使我们得以了解历史、还原历史，而且对现代生活的各方面均有借鉴意义，这正是社会重视藏品的根本原因。

藏品的种种社会属性都依存于一定的自然属性，或者说，是由其一定的自然属性体现出来的。自然属性一旦改变，社会属性也将消失。

2. 藏品管理的目的

藏品管理的目的一般有两个：是保护藏品的安全，防止丢失和损坏；二是研究其内涵，为社会上的广泛利用提供方便条件，充分发挥藏品的作用。但实际上这两方面的目的是有矛盾的，反映在实际工作中有以下两种对立的观点。

一种是单纯强调"藏"，认为藏品是不可再生产的珍贵文化遗产，博物馆作为收藏机构的首要任务是保存这些珍品传之万代，所以藏品入库后就不再让人使用。另一种是片面强调"用"，认为保藏只是手段，使用才是根本目的。我们认为，无论是只强调"藏"，还是只强调"用"，都是不对的;《中华人民共和国文物保护法》提出的"文物工作贯彻保护为主、抢救第一、合理利用、加强管理的方针"，同样适用于博物馆藏品的管理工作。

（四）博物馆藏品管理的一般要求

藏品管理工作的最基本要求是：制度健全、账目清楚、鉴定确切、编目详明、保管妥善、查用方便、科学保护和加强研究。

（1）制度健全。制度是工作秩序的体现和保证。保存国家和民族宝贵科学文化财产的博物馆的管理制度必须健全而又严密，以便使各项工作都有章可循，要做到手续清楚，职责分明，确保藏品的安全和工作质量。

（2）账目清楚。藏品登记是履行财产登记手续。登记总账要求字迹清晰，不得任意涂改。此外，最重要的是总账各栏内容的登记要准确无误，要根据国家文物局规定的栏目内容逐项认真填写，这样才能做到账目清楚。

（3）鉴定确切。这是保证藏品质量的关键一环。确切鉴定就是对藏品进一步深入研究的过程，以便明确其科学价值、历史价值和艺术价值；自然标本则要分别鉴定出科、属、种，并科学地定名。鉴定确切，既可以防止鱼目混珠，避免给管理工作造成负担；同时，还可以避免有价值的文物、标本等物件从博物馆流失，避免造成国家和民族宝贵科学文化财产的损失。

（4）编目详明。编目工作是使藏品充分发挥作用的前提。如果对藏品没有开展编目工作或藏品编目不够详明，则藏品就会像一盘散沙，一旦需要使用提取时就会像大海捞针一样困难，可见藏品编目工作质量会直接影响到藏品的提供利用。进行藏品的编目工作，需要制订出编目办法和编目细则，以达到编目详明而又有科学条理的要求。

（5）保管妥善。这是国家赋予博物馆和博物馆工作人员的一项重要职责。要做到保管妥善，首先保管人员要刻苦钻研业务，忠于职守，廉洁奉公。其次，藏品所处的场所（库房、陈列室）要有安全保卫和保护措施。再次，藏品要按科学方法分类上架，妥善庋藏。对藏品要进行定级，一级品要重点保护。最后，要建立健全各类藏品的保护管理制度和安全操作规程，并严格加以遵守。

（6）查用方便。这包含两层含义：一是要便于对藏品的安全检查，二是要便于对藏品的检索提取。藏品要分类、分库保管。同时，还要编制藏品的方位卡、索引卡和库藏卡，以便于保管人员提取藏品，以及有关人员检索藏品时使用。

（7）科学保护。博物馆藏品是国家和民族宝贵的科学文化财产，必须妥善保管，永久保存。科学保护是使藏品延长寿命、永久存在下去的必要措施。

（8）加强研究。博物馆在保藏藏品的同时，还要发挥藏品的作用。变"藏"为"用"的最好方法，就是加强藏品研究。只有加大研究力度，提高研究水平，才能更好地挖掘藏品的内涵，更大限度地发挥藏品的作用。

二、博物馆藏品管理的工作流程

藏品管理各个工作环节相互联系、相互制约，构成了一定的藏品管理工作流程。

（一）藏品的接收与登记

1. 藏品的接收

这是博物馆保管部门进行藏品管理工作的开头，也是征集工作的结尾。对征集部门来说，称为移交。接收，是一道正式的手续，即由保管部门的工作人员按入馆凭证或清册对文物、标本等物件进行核收。经过这道手续的文物、标本等，已属保管部门管理。作为国家和民族科学文化财产，若有损坏丢失，将由接管者负法律责任。

要做好接收工作，在工作态度上要严肃认真，严格按照工作程序，认真仔细地进行接收工作。除此之外，在工作方法上要有严密科学的接收程序，并应注意三个具体问题：①分清来源，区别处理。②按书面凭证逐件清点验收。③与文物、标本等物件有关的各种原始记录要同时接收过来。

2. 藏品的登记

这是博物馆对入藏的文物、标本等物件进行逐件、逐项记录的工作，是藏品管理工作中的一项重要程序，即履行登记的手续。博物馆对入馆的藏品必须按照国家文物局关于博物馆藏品管理的要求，以登记账册、卡片等形式进行准确的记载。这种记载既是藏品管理和藏品研究的原始资料，也是博物馆依法保护国家和民族科学文化财产完整与安全的必备依据。藏品登记为藏品的科学有效管理和深入研究与合理利用奠定工作基础。

登记是开展博物馆藏品保管工作的重要一环，是妥善保管和科学管理的关键，是藏品管理工作的基础。藏品登记是检查藏品数量和质量的依据。登记的账册，是国家和民族科学文化财产保管的法律依据，是使藏品受到国家法律保护的重要依据。尤其是藏品总登记账是国家和民族科学文化财产的法定文献依据，是对藏品实行法律和行政管理的手段。对于国有博物馆而言，登记首先是确定国家藏品产权的依据。其次是为国家文化行政管理部门检查博物馆藏品保管状况提供必备的业务依据。藏品登记又是认识藏品的一种重要手段。通过对一件件藏品的逐项登记，不仅可掌握本馆藏品的数量，更重要的是对藏品有了科学的认识。这对进一步研究和利用藏品提供了可靠的业务依据。所以，认真做好藏品登记是关系到博物馆开展各项业务工作的一件大事，应当给予高度的重视。

藏品登记工作，主要包括登记藏品总登记账，建立藏品登记的辅助账册和藏品登记卡片等内容。其中，藏品总登记账是国家和民族科学文化财产账，是国家依法管理、保护藏品的法律依据，每一个博物馆都必须建立本馆的藏品总登记账。藏品登记的辅助账册主要包括文物资料等出入馆登记账、藏品分类账、复件藏品登记账、参考品账、注销藏品登记账、借出借入或寄存藏品账、复制品登记账等。建立藏品登记卡片也是藏品登记工作中的一项重要内容。藏品登记卡片是检索藏品的必备工具，每个博物馆都应该建立本馆的藏品登记卡片，以便于更好地为使用藏品提供服务。

藏品登记是一项专业性、技术性、制度性都很强的工作，对这项工作必须给予足够的重视，要有专人专职负责。应该把藏品登记、账册管理、统计等有关方面的工作统一规划、合理分工，把藏品登记、管理账册与库房文物管理工作分开，以便于各尽其责和分清责任。

登记是管理工作的中心，登记应简练明确，特别着重名称、数量、完残情况和来源的正确无误。登记工作要及时进行。必须坚持先登记、写号，然后移交入库的制度。藏品登记要认真、仔细，要做到藏品总登记账、藏品登记卡与藏品编号三者核实相符。

登记藏品总登记账，书写一定要工整、美观，不仅用字要标准，而且标点符号的使用也要标准，并且账面要整洁，这样才能使总账更具有长久保存的价值。登记藏品总登记账的人，要具有一定的政治水平和职业道德，工作岗位要相对稳定，不可经常更换登记总账的人员。总账登记人不能同时兼管藏品。总账登记人要在审查、确认没有错误或差错后，才能登记总账。总登记账不能任意涂改。总账登记结束后，总登记人要逐页、逐件、逐栏认真检查、校对。如果发现有差错，切忌乱涂乱改，应按登账要求进行改正。

（二）藏品分类及库内管理

1.藏品分类

藏品分类就是划分藏品类别，是按一定的原则方法，根据藏品性质或形式上的同和异把藏品集合成类的过程，即把具有同一特征的藏品聚集一起，不具有这一特征的藏品区别出去，另行归类的过程。

凡是确定为博物馆基本藏品的一切物件，都需根据其性质、质地、内容等特点进行科学分类。

藏品分类必须有利于藏品的科学管理和保护，必须有利于藏品在陈列、展览、科研等方面的提取和使用，因而要做到方便、迅速和准确地提取藏品。对具有重要科学价值的成组的集品文物藏品，不宜分散存放，在分类时应该按墓葬、遗址、窑址等类目进行划分。藏品分类法应该简单明了；藏品分类的类目必须概念明确；类目设置及其标号，不仅要合乎规律，还要做到容易记忆，便于使用。藏品分类必须遵循科学原理，符合逻辑关系，结合我国文博系统的藏品实际情况，来拟定科学、合理的藏品分类法。藏品分类应该有发展的观点。随着社会科学的发展，藏品的内容、种类将随时间推延而不断发展，所以藏品分类法的类目将不断充实增加，不存在任何一劳永逸、一成不变的分类法。

国内常见的分类办法有以下几种：第一，是按藏品质地分类，即以构成这件藏品最基本的质地为根据而分类。第二，是按藏品时代分类，即以藏品制作或存在的时代为根据而分类。第三，是按藏品职能与用途分类，即以藏品的职能及其供人使用的用途为根据而分类。第四，是按藏品性质分类，即由形成藏品的特定技艺为根据而分类。第五，是民族与国别分类法，即以藏品所属民族或国别而分类。第六，是既按藏品质地、用途，又按藏品时代的综合方法分类。目前，我国博物馆大都采用第六种综合方法对藏品进行分类。

2. 库内管理

（1）藏品入库。

这是指根据鉴选意见，把经过总账登记的博物馆藏品，依据分类结果，分别入库庋藏的工作。为保障藏品的安全和妥善保管，藏品入库一定要以入库凭证为依据，办理好交接手续。

藏品入库后要确定其存放方位，并按排架结果归入柜架上，不允许堆放在桌子或其他工作台案上，以防发生事故。藏品方位确定后，要建藏品方位卡，同时编制库房方位索引或绘制库房方位图表，以便于库房保管员能及时、准确地存放和提取藏品。

方位卡，也称库藏卡，是由库房保管员填写的藏品存放位置的卡片，这种方位卡（库藏卡）只限于库房保管员使用，因方位卡上记有藏品存放位置而具有一定保密性，不宜向外界公开。

编制库房方位索引或绘制库房方位图表，就是把各分类库房的具体位置记录或绘制成图表，以利于藏品入库工作的顺利进行。

藏品入库后还要建立藏品库房日志，用来记录库房每天的各项工作情况。

（2）藏品的存放排架。

这是藏品入藏过程中的最后一个步骤，也是藏品库房管理工作的开始。排架是库房科学管理、防止混乱的一项关键措施，是有条理地排列并固定藏品存放位置，通常称库房存放方位或定位。

藏品排架有三个作用：第一，便于藏品的提取和归还原位；第二，便于检查、清点藏品；第三，有利于藏品的安全保护。

藏品排架原则是既要便于藏品的提取，又要便于藏品的安全保护。一般原则是：上轻下重，前低后高，高卧矮立，间隔距离不能过紧，上、下不能重叠。

藏品排架要注意安全，稳妥存放。柜架要坚硬、结实，有一定承重能力和抗震能力。柜架高度要便于藏品的提取。无论使用哪种排架方法，都要把存放位置和柜架号标注在有关资料卡片上，还应该把这些信息储存在电脑里。

（3）藏品的提用。

这是指出于各种需要，从藏品库房中提取藏品出库的工作，它是发挥藏品作用的一项重要工作。

藏品提用的原因有多种，如陈列展览，科学研究，鉴定、编目，修复或复制，拍摄照片、摄制影视录像，其他情况下的借用（上级或兄弟单位举办陈列展览时借用）以及观摩等。由此可知，提用的确是充分利用藏品，发挥藏品作用的一项重要工作。应该创造各种方便条件，以利于藏品提用工作。

提用藏品，必须经过有关领导批准并填写提用凭证（即出库凭证）后，藏品方可出库。

（4）藏品的库房养护。

这主要是指对藏品的日常保养和安全管理，包括库房的清洁、通风、温湿度调节、防虫、防霉和防火、防盗等安全管理工作。

藏品库房保管的要求：①要有固定的专用的库房。②藏品库房要设专人管理。③要建立健全库房保管制度。明确库房保管人员的职责，以便于藏品库房保管工作安全顺利地完成。

总而言之，藏品库房养护工作责任重大，要高度重视，认真做好这一工作，确保藏品的安全保管。

（三）藏品定名与藏品鉴定

1. 藏品定名

定名是对藏品进行全面的鉴定研究与分析，并将分析结果，按照一定规律，用最简练的词句进行标识的过程。定名是在对藏品进行初步的科学研究基础上进行的一项工作，定名工作本身就是对藏品的一种鉴定研究。

藏品定名是提供、认识藏品的重要标志，也是藏品科学管理的重要前提。藏品名称是登记藏品账册的重要项目，它在博物馆陈列展览、科学研究、编目制卡和今后使用计算机管理等各项工作中都是不可缺少的一项。可以说，藏品定名的正确与否，直接关系着各项管理工作的质量高低与提取使用的方便与否。所以，藏品定名工作十分重要。

同时，藏品名称又是对藏品进行研究的一项成果，因此对定名工作必须认真研究，要制定一个比较可行的藏品定名原则，以便使定名工作规范化。藏品定名总的原则可以归纳为以下两点：

（1）准确性。

对一件藏品的定名，一定要力求准确、简明、具体，要能充分反映藏品的概貌、特征和主要内容，即直接表述出藏品的外在形式和最本质的内涵特征，使名称与藏品相吻合，一见其名，如见其物。

（2）科学性。

藏品定名要能够反映该藏品的基本面貌和基本特征，一定要通过科学鉴定和科学研究。藏品定名是对藏品本身所进行的科学研究工作，文物藏品的名称，尤其是通称，一般都有统一的科学规定，定名中不能主观地、随意地、没有根据地下定言，一定要符合科学性，遵循一定的科学规定。

由于藏品种类繁多，差异较大，定名工作的规范化便显得十分重要。器物的名称，往往因地区的不同，称呼也就不同，定名要遵循一定的规则。《博物馆藏品管理办法》中明确规定了博物馆藏品定名的以下规则：自然标本按照国际通用的有关动物、植物、矿物和岩石的命名法规定名。历史文物定名一般应有三个组成部分，即年代、款识或作者，特征、纹饰或颜色，器形或用途。

由上述规则可知，历史文物定名有三个大的组成部分：第一，年代、款识或作者；第二，特征、纹饰或颜色；第三，器形或用途。每一组成部分中又包括有几个小的要素。例如，第一组成部分包括了年代、款识、作者三个小要素，第二组成部分包括了特征、纹饰、颜色三个小要素。定名的实践表明，历史文物定名时这三个大的组成部分是必不可少的，但对构成这三个组成部分的每一小要素并不要求必须都包括在名称中，可根据具体情况选择其主要的一两点来定名。

2. 藏品鉴定

藏品鉴定指的是一个研究过程，即通过全面、系统、深入的研究，对博物馆藏品的真伪、时代、质地、制作过程、流传经过和它所包含的历史、艺术、科学上的意义、价值等做出科学而又正确的评价。可见藏品鉴定工作是一项细致而又复杂的科学研究工作。

藏品鉴定的意义在于它能揭示藏品的内涵及其价值，使藏品在人类生活中发挥积极作用。藏品鉴定的最终目的是保证藏品的科学性，为国家和民族保护真实的科学文化财富，同时也为博物馆藏品的公开展出、研究利用等提供可靠保证，并提供藏品的价值、名称、时代、级别等鉴定成果。鉴定是藏品的研究工作，并且是藏品研究的首要内容。

藏品鉴定是藏品科学管理的前提和基础。鉴定工作做得好，不仅可以为藏品征集和入藏提供证据，为博物馆的陈列展览提供可靠的典型展品，还可以为我们研究人类的物质文化史和社会发展史，并为国内国际有关学科的研究，提供科学的实物资料。因此，我们要高度重视藏品鉴定工作，只有将藏品鉴定工作做好了，才能有高质量的藏品，才能有科学合理的保管工作，才能使博物馆的陈列工作和有关的科学研究工作，建立在真正的科学基础之上。

藏品鉴定的内容主要有三项：一是关于藏品真伪的鉴定，一般称辨伪；二是关于藏品年代的确定，又称断代；三是关于藏品价值的评定，也称评价。

首先，鉴定藏品的首要任务是辨别藏品的真伪。在我国，由于种种原因，文物作伪由来已久，尤其是自宋代以来，仿制、伪造文物之风盛行，近代一些作伪甚至已达到真假难辨的程度。这就需要博物馆鉴定人员根据器物外形和内涵，从质地、铭文、造型、纹饰、工艺技术、作品风格等方面认真加以综合分析，以便做出准确的判断。目前，随着科技水平的提高，我们已可以利用先进仪器和手段对某些藏品的真伪做出更为科学的测定和鉴定，因此，采用科学仪器测试和传统经验判断相结合的方法，是藏品鉴定工作的发展方向。

其次，藏品鉴定要断定藏品年代。在藏品断代中也有许多问题需要注意。一般情况下，对于有明确出土地点和层位的出土文物，可依照考古发掘报告确定其年代；而博物馆收藏的大量传世品，多没有明确的断代依据可查，因此只能按照出土文物中的典型器和各代早已判定无误的标准器加以比较。有时对无法确准的器物时代，可以采取一种估算方法，即约算一个较大的时间范畴，或确准一个历史时期，如商周时期、秦汉时期、隋唐时期等。对近现代文物藏品的断代，因年代相去不远，所以判定时一般能比较准确，因此这一时期文物藏品的年代一般可用公元纪年。

最后，藏品鉴定还要评定藏品价值。评定藏品价值，主要是通过对藏品外形的分析、研究，特别是对其质地、铭文、造型、纹饰、制作工艺等的研究，探讨这件藏品所反映的历史、艺术、科学价值，以及它所揭示的生产制造这件藏品的那个时代的社会政治、经济、文化、艺术等的发展情况，从而使我们了解制作这件藏品所处时代的社会历史、生产力水平以及社会意识形态等诸多方面的情况。藏品价值的评定，有利于更好地发挥藏品的作用，使藏品充分地为当代社会服务。

（四）藏品编目与藏品建档

1.藏品编目

编目就是编制目录，藏品编目是博物馆专业工作者对已登记入藏的文物、标本等物件进行最基本的、综合的研究和鉴定，对其外观和实质，以及历史、艺术、科学价值，做出较为科学而详细的记述，编写出目录卡片；并将单个卡片，进行综合、专题的科学分类，进一步编制成不同形式的目录。它有两方面的含义：一是对博物馆藏品编制目录卡片，二是通过目录卡片编制综合性藏品目录或专题性藏品目录。

藏品编目是博物馆各项业务工作的基础。因为博物馆的陈列展览、科学研究等业务活动都离不开藏品，而编目的工作成果——藏品编目卡片和藏品目录是反映藏品情况的基本资料，编目工作的质量对上述诸种业务活动具有决定性作用，它直接影响着博物馆工作的广度和深度，影响着博物馆的社会效益，关系着博物馆的价值。

藏品编目是博物馆藏品科学管理、科学研究工作中一项关键性的工作。它既是藏品深入鉴定研究的过程，也是一定时期研究成果的体现。

藏品编目，为藏品的管理和利用提供方便，并有利于藏品的安全保护。因为藏品尤其文物藏品是不可再生产的科学文化财富，不可能也不允许经常地大量地提取原件使用，一般只能通过编目卡片的记录和描述以及原件照片向使用者提供所需的信息。因此藏品编目卡片的编制和使用，有利于藏品的永久保存，也方便了人们的利用。

藏品编目不仅为陈列展览提供多种资料和方便，还可以为科学研究提供依据和方便。藏品编目是以鉴定为首要前提的，因而对经过了鉴定的藏品进行编目，所编制的编目卡片完全可以为科学研究提供依据；同时也为进一步对藏品进行综合研究和各种专题研究创造了方便条件。

编目内容包括编制编目卡片、编制藏品目录、编制辅助索引卡等。

编目的形式主要有两种：传统的人工编制和现代的电脑编制。

编目的具体要求如下：第一，对于编目中所使用的文字，要求准确、精练、简明、科学合理，使人看到编目卡片就如同看到藏品本身一样，一目了然。通过编目卡片，可以直接了解到这件实物的内外含义。第二，要积极借助现代先进的科学技术手段，对藏品作认真的科学研究和鉴定，以便为编目提供科学依据。第三，要注意发挥藏品的作用。第四，要贯彻"百家争鸣"的方针，并应充分利用社会研究成果，更要集思广益，博采各家意见，通过分析研究，择善而从，不可固执一说。

实践证明，编目既是一项系统整理工作，又是一项科学研究工作。编目卡片和藏品目录等，是研究的结果，但不是研究的结束。对藏品尤其是文物藏品的研究将是长期的，永无终结的。

2. 藏品建档

建档就是建立博物馆藏品档案的工作。藏品建档工作是围绕藏品各项业务活动开展的一项重要工作，是编目工作的继续和发展。藏品建档主要有三方面任务：一是藏品档案的收集，二是藏品档案的整理工作，三是编制藏品档案册。

博物馆藏品档案是指在围绕博物馆藏品开展的各项业务活动中形成的，系统、科学地记录藏品本身详细情况，具有查考利用和保存价值，并按照一定的档案规则要求立卷归档集中保管起来的各种文书材料（包括文字记录、图表、照片、声像制品等）。

藏品档案的内容，一般情况下应包括藏品搜集情况记录；藏品入馆原始凭证、原始记录；藏品流传经过记录；藏品入库凭证，鉴定意见记录，定级、分类报告；藏品各种卡片、使用记录、修复记录、研究记录、采取保护性措施情况记录、著录文献索引、有关论著的索引或简报以及藏品残损情况报告、注销凭证等一切与藏品有关的情况记录材料。

国家文物局还统一印制了藏品档案册，下发全国各地博物馆，要求各博物馆首先建立起一级品藏品档案，然后再逐步展开二、三级藏品的建档工作。藏品档案册是藏品档案中的主要材料。藏品档案册的内容共有13项，包括：封面和首页，搜集经过；铭记、题跋；鉴藏印记；著录及有关资料书目；流传经历；鉴定记录；修复、装裱、复制记录；现状记录；备注；附录；绘图（或拓片）；照片。

博物馆藏品档案是掌握藏品全部情况的可靠材料，是藏品自然面貌与各项业务活动的多角度、全方位的真实、全面的科学记录，是除实物资料外，最重要的文字资料。藏品档案可以使国家行政主管部门掌握全国的重点藏品和一级品的情况，还可以使各博物馆掌握本馆藏品和一级品情况。藏品档案体现博物馆藏品管理业务人员对藏品进行科学管理的水平和深度；同时，藏品档案又是一项重要的科研成果。因此，要加强藏品档案的管理工作。

（五）藏品注销与藏品统计

1. 藏品注销

藏品注销是指对因各种原因已不属于本馆藏品者，通过一定程序在藏品总登记账上加以注明，予以销账的工作。

藏品注销工作是使博物馆账物一致的保证。对已经损毁、消失或调拨出馆的文物、标本等，如不及时从账册中注销势必造成账物不符的现象，出现账目混乱，以致无法有效管理，甚至会被道德不良者趁机钻空子，造成不必要的意外损失。

藏品注销，并非都是消极的、被动的行为。事实上，除了因藏品失盗、严重损毁等灾难性原因对藏品注销外，其他各方面原因的注销几乎都具有积极的建设性意义。如通过调拨，可以扶持一些底子薄、藏品少的博物馆或使调入藏品的博物馆的藏品品类更为齐全；通过馆际交换，有利于博物馆互通有无，以丰补歉，使彼此间的藏品都更加丰富、齐全。

2. 藏品统计

藏品统计是指博物馆在每季度末和年终时，对藏品增减数字的整理、计算工作。

为了掌握藏品的增减和变动情况，对国家和民族科学文化财产负责，博物馆藏品库房应定期进行清点、核对和统计，做到藏品实物、卡片和账册的记载三者完全相符，并做出准确的数字统计，向上级主管部门提交数字报告。

藏品统计的作用是：①为国家掌握科学文化财产提供准确数字，也是博物馆领导者分析研究指导全馆工作不可缺少的数据。②藏品统计可以反映出本馆性质、特点，增加的数字可以显示搜集工作成果，弥补馆藏空白。③历年藏品入馆数字的增加，是博物馆事业发展壮大的标志之一，也是编写博物馆沿革、年鉴不可缺少的数据。④使用出库数量的统计，可以反映各类藏品的利用率和藏品在宣传、教育、科学研究中发挥的作用，进而有计划、有目的地运用藏品，为社会服务。

藏品统计的内容主要包括：馆藏各类、各级藏品的实际库存数，藏品增加、减少、流动利用的统计数以及馆内外和国内外展出藏品数字统计等。

藏品统计结果要填入各类统计表格中，藏品统计表的种类和格式，基本可以分为以下 6 种：①藏品增减数量统计表；②历年增减数量统计表；③一级藏品升降级统计表；④藏品使用出库数量统计表；⑤年度藏品来源增减表；⑥季度藏品增减提用动态表。

无论哪种统计表，其格式设计都应符合国家文物局颁发的规定，其栏目内容，应以能反映各类统计所希望达到的预期目的为原则。

（六）藏品备案

藏品备案是国有博物馆藏品档案的建档部门将已经整理归卷的各种档案卷宗和涉及藏品出库、出境等工作内容的相关文件材料，依照相关要求向上一级行政管理机构报送存档备查的工作过程。

藏品备案是国家对各级国有博物馆的藏品实行宏观管理的手段之一，是摸清我国博物馆藏品家底，全面掌握藏品完整信息的必要手段；也是切实履行法律责任，加强国有藏品监管，健全国家藏品保护体系的基本要求。在特殊极端情况下（如自然灾害、盗窃、战争等原因导致藏品遭到损坏、遗失），可为藏品进行维修、追索等提供可靠依据。

1.藏品备案的内容

（1）藏品总账备案。博物馆藏品总登记账的副本应报国家和当地文物行政管理部门备案。

（2）藏品目录备案。博物馆的《一级藏品目录》要报国家文物局和本省（自治区、直辖市）文物行政管理部门备案，《二级藏品目录》要报本省（自治区、直辖市）文物行政管理部门备案，《三级藏品目录》要报本市（县）文物行政管理部门备案。

（3）藏品档案备案。博物馆的《一级藏品档案》要报国家文物局和本省（自治区、直辖市）文物行政管理部门备案，《二级藏品档案》要报本省（自治区、直辖市）文物行政管理部门备案，《三级藏品档案》要报本市（县）文物行政管理部门备案。

（4）其他备案。按照国家相关法律法规需备案的工作内容。

2.藏品备案的方式

（1）逐级备案制。逐级备案制是指各级各类博物馆逐级向上级主管的文物行政部门或行业主管部门进行的备案。实行逐级备案可以保障各级博物馆主管部门都拥有各自所辖行政区域内的博物馆藏品档案。一套完整的博物馆藏品建档备案工作体系的建立，将有利于大幅度推动我国藏品建档、备案工作的健康发展。

（2）"双轨制"备案。"双轨制"备案就是实行纸质档案和电子档案同时科学备案的管理模式。电子档案只是科学管理的一种手段，不能取代纸质档案的存在。一份档案，以电子格式和纸质档案同时归档的"双轨制"是较为科学的管理模式。

第四节　博物馆藏品的数字化管理

从上述藏品管理工作流程来看，博物馆藏品的流动轨迹不同于一般消耗性的物品，因各种需要提取出库的实物藏品终究还得回归到库房保管状态，使得保管工作内容带有循环往复的特点。其中实物藏品的空间移动频率并不高，主要还是一整套信息性的保管单据作业形成复杂而沉重的工作负担，成为制约业务工作效率的瓶颈。所谓保管单据，就是记录藏品部分信息的书面材料，在不同工作环节都有各自的格式要求，如藏品总登记账、编目卡片、提取退还凭证等，其各自所含的基本信息部分也具有一定的重复性。藏品保管员在很大程度上是借助藏品信息来开展保管工作的，而藏品信息又是可以数字化的。电子计算机等信息技术的应用和普及，不仅能加快信息处理速度和精度，而且可以减免大量重复性的人力和物力消耗，无疑为博物馆提高藏品保管工作质量和效率，乃至突破全馆业务工作效率的瓶颈创造了条件。

一、藏品数字化管理的原理和意义

博物馆藏品的数字化管理属于新生事物，首先要搞清楚它究竟做什么，基于怎样的原理，有何价值意义等基本问题。

博物馆对藏品实施数字化管理，就是利用计算机多媒体、数据库、数据压缩等技术手段，将实物藏品信息由传统信息记录介质的纸质表单等形式转化为电子数据库记录形式，使保管员能够借助高效快捷的机读管理系统开展登记编目、出入库管理、排架清点、查询服务、统计核对、打印表单等一系列业务工作，从而大幅度提高藏品保管工作质量和效率的工作方式或状态。简而言之可定义为：利用现代信息科技手段高效低耗地开展藏品保管业务的工作方式或状态。

（一）藏品数字化管理的原理阐释

博物馆传统的藏品管理工作对象，分为实物藏品和相关信息两个部分。数字化管理并不能取代实体性的藏品管理操作，恰如计算机不能帮助保管员实施搬运和排架操作。"数字化"的直接对象仅仅是藏品管理中的"相关信息"部分，但抓住了效率问题的关键，能够对藏品管理工作的方式和质量产生积极影响。

所谓"藏品信息"，是指每一件藏品自身所具有的和后人所赋予的一些特征和属性，大致可以分为具体形象的形态信息、抽象的知识信息和工作性记录。其中形态信息往往是非言语性的，知识信息和工作性记录则是言语性的。博物馆之所以要收藏某些实物，不是为了物理或生理意义上的应用，而是因为这些实物身上凝聚着有助于人们认识世界的信息，是作为信息载体来加工收藏的，而信息又恰恰是可以进行载体转换的。以往是用照相、绘图、摄像、录音等方法，将实物藏品的形态信息转化为照片、图纸、胶片或音像磁带等载体材料；用书面文字描述或口述录音等方法，将实物藏品所含抽象的知识信息和工作性记录转化为纸质文献或录音磁带等载体材料，以便单独保存藏品所含的信息，也用来进行藏品管理和范围有限的信息分享。

而今运用数字化技术，把原先用纸张或图片等形式存储的信息，转换为用电磁介质按"0"和"1"组成的二进制数字编码的方法加以储存和处理的信息。从而能够用计算机可读数据的形式来表示藏品信息，用磁性或光学信息存储介质作为载体，借助计算机等信息处理设备进行数字化藏品信息的生产和使用。这就使得保管工作对象从传统的实物藏品与书面信息的双轨制，转变为加入了电子信息的三轨制。结果是传统的账簿和编目卡片等书面信息材料逐渐转为单纯的信息安全备份功能，其原有绝大部分检索查阅功能被更加方便快捷的电子数据库信息系统所取代。

博物馆属于一种比较典型的信息机构，自然会受到信息工具进步的深刻影响，藏品信息管理方式的改变不仅能提高保管部门的工作效率和质量，也为其他业务部门乃至整个机构的高效运行奠定了基础。

（二）藏品数字化管理的重要意义

与传统的手工管理方式相比，数字化管理的积极意义主要体现在减轻劳动强度、节省工作时间和提高藏品安全系数等方面，是提高藏品管理水平的重要措施。

1. 有利于减轻劳动强度

用计算机书写不仅速度快、便于无痕修改，而且屏幕显示或打印输出的字体规范、清晰易读，更有扫描仪等快速植入汉字的高效手段可用，同等篇幅书写的劳动强度要比手工抄写小得多，所需时间也少得多，这是人们在办公自动化过程中已经普遍体验到的事实。保管单据作业也不例外，如今在很多实现了数字化管理的博物馆保管部门，除了制度要求手写的总登记账簿以外，其他多种保管单据的生成作业都已实现自动化。

另外，保管工作所用多种表单的栏目内容存在局部重复性，同一件藏品的记录内容也有被多次反复写入同一种表单的可能，以往保管员只能根据不同单据或不同批次的需要抄写，无法避免其中的重复劳动。而今藏品信息一经数字化则成为可反复调用的数据库资源，能在很大程度上减免书写劳动的重复性。藏品数字化管理的实践表明，如今生成各种统计报表和单据作业的劳动强度已被降到了微乎其微的地步，从而使保管员得以从繁重的抄写劳动中解脱出来，快速生成统计报表也能为管理决策提供及时而精准的信息支持。

2. 有利于节省工作时间

保管员在工作中经常需要查询藏品信息记录。以往是采用账簿、卡片或档案册等书面材料形式记录藏品信息的，这些材料虽然用卡片抽屉或文件柜等设备收纳、排放有序，但其本质是线性排列的，并且需要专门的存放空间，保管员翻阅查找的工作强度较大而效率却不高，花在检索查找上的时间甚至会超过阅读利用时间。而数字化的信息查询方式不需要保管员改变工作地点和姿势，并可利用直观多样的检索方式快速调取所需藏品信息记录，数字化检索可以是非线性和跳跃式的，对目标藏品特征记忆的要求也较为宽松，甚至可以智能化地进行模糊检索，从而大大缩短了检索查找目标藏品信息的时间。

此外，以往在日常工作中，馆内其他部门业务人员或馆外专业人员经常需要藏品保管员提供检索帮助，因为手工检索原本只是保管员自用的工具，带有浓厚的中介用户属性，尤其藏品分类和检索方式都比较个性化，往往使得初次使用的外部人员感到陌生不便。而在数字化管理状态下，由于数据库检索方法简单易学，具有鲜明的最终用户属性，使得外部人员完全能够自助检索，无需保管员陪同提供帮助，从而能节省保管员对外服务的工作时间，同时也意味着馆藏信息利用的瓶颈被突破了。检索查询效率的提高无疑为保管工作节省了更多时间，也全面提高了藏品信息利用率。

3. 有利于提高藏品安全系数

尽量降低暴露和触碰实物藏品的频率，也是提高藏品安全系数的重要方式之一。博物馆藏品的数字化管理，主要在两方面有助于达到这一目标：一方面是由于藏品的数字化影像远比传统纸质照片的清晰度高，细节放大的屏幕显示效果甚至能超过肉眼观察的水平，再加上数字化存取照片的方便快捷，因而使得部分依靠提取实物观察的工作被检索和观看数字化影像所取代。

换言之，虽然博物馆业务人员都在围绕藏品开展工作，但并不都需要拿着藏品才能工作，实际上在更多场合仅凭藏品信息就能开展工作，数字化图像信息因具有高保真性和可分享性而直接满足了很大一部分业务工作需求，这自然会大幅度降低实物藏品的移动、暴露和触碰频率。另一方面是在库房排架管理操作中，可以采用射频识别等传感技术，即保管员使用带有芯片读写器的移动终端设备，在一定距离之外通过电波与贴敷电子标签的目标藏品对话，可以辨认藏品的确切身份和库位信息，也可统计藏品的精确数量等，从而在排架库操作中实现"非接触式管理藏品"的状态，做到无损化管理。这种"使物品开口说话"的物联网技术应用也是以藏品信息数字化为前提的，是数字化技术在博物馆应用的延伸。

二、藏品数字化管理的工作步骤与方法

藏品的数字化管理是对传统管理工作方式的改造和提升，因采用现代化的信息工具而产生了一整套全新的工作步骤与方法。了解和掌握其步骤与方法，是博物馆工作者的实际需要。

（一）数字化工作环境的建设

博物馆藏品的数字化管理，是建立在对现代信息科技引进与应用基础上的。这项工作的起点，就是根据藏品保管工作的实际需要，通过购置或开发一系列硬件和软件搭建所需的工作环境，按工作流程可大致分为采集加工系统、储存系统、输出系统和网络系统等四个主要领域。

1. 采集加工系统

采集加工系统也就是所谓的数字化步骤，指利用计算机多媒体、数据库等技

术手段，将馆藏实物的形态信息和传统介质的文献等，转化为数字化、电子化的光盘数据或网络信息的工作。藏品信息的采集对象大体可分为两类：一类是言语性的文字或口语信息，另一类是非言语性的形态信息。其中文字信息的数字化采集主要通过个人计算机、写字板和扫描仪等可以处理文字的设备进行，口语信息则采用录音笔等设备进行采集。这类硬件设备均已普及，所需应用软件也大都随机赠送而无须自行开发。形态信息的数字化采集则主要通过数字式的照相机、扫描仪、摄像机、录音机等设备进行，采集之后还要运用计算机和相关软件进行处理加工，这类软硬件设备需要一定的资金投入，应事先根据实际需求做好规划。选购软硬件设备的决策原则，除了追求较高的性价比以外，还应该遵循相关的行业规范要求，也要根据本馆工作人员的技术能力水平在先进性和成熟性之间寻找最佳平衡点。

藏品信息的数字化采集结果，应做到信息数据的有序存储，以便于快捷高效地调取使用。藏品信息的采集加工流程和数据排列次序都具有一定的特殊性，由此产生了根据博物馆藏品保管工作特点专门开发信息管理系统应用软件的需要。自 20 世纪 80 年代以来，我国许多博物馆陆续开发或购置了这类软件，无不含有采集功能模块，有的还特意开发了快速登录或自动校对功能，目的在于加快数据库建设过程，使系统尽早发挥效益。其中文物类博物馆还统一根据国家文物局颁布的《博物馆藏品信息指标体系规范（试行）》设置数据库指标体系，做到了数据库的规范化和同构化，为今后实现馆际的数据交换和信息共享奠定了基础。

2. 存储系统

博物馆藏品数字化信息的存储方式大体分为磁性介质的计算机内硬盘、移动硬盘和光学存储介质的刻录光盘三类。通常把机内硬盘作为在线应用数据的存储方式，移动硬盘多用于工作性的临时备份，光盘则主要用于沉淀性的大容量数据异地和异质性保存。其中光学信息存储介质的光盘是人工化学合成物，比起传统的纸张来，既可以降低对竹木等自然资源的损耗，也可减轻对环境的污染，且有逐渐廉价化的发展趋势。但光盘的寿命只有 15 年至 20 年，不像纸张那样能够保存上千年。另外，数据存储格式也存在过时老化的可能性。所以，馆藏数字化信息的长期保存工作需要建立一整套完善的备份管理制度。

3. 输出系统

输出意味着应用，馆藏数字化信息的输出方式，主要包括连接计算机的显示器、投影仪、音响设备、打印机等外围设备。其中的显示器、投影仪和音响设备用于藏品视音频信息的输出，打印设备则用于生成各种书面文献和照片材料的打印件。这些设备的体积较大，通常放置在保管员的办公桌上不便移动，另有移动智能终端可用于保管员在排架库内的移动工作。

4. 网络系统

博物馆内部网络系统的功能主要在于藏品信息数据库的多用户共享。在一些规模较大、人员较多的博物馆藏品保管部门，需要通过有线或无线网络将多名保管员甚至全馆业务人员所用的计算机终端服务器连接起来，采用客户服务器模式，不仅能减轻众多用户终端计算机硬盘存储负担，便于馆藏信息数据库的集中维护和及时更新，还能共享打印机和扫描仪等常用外围设备，甚至能有助于多名保管员或众多业务部门员工之间开展必要的分工与协作，起到整合凝聚集体力量的作用。此外，用户终端的网络化还服务于工作人员上网学习或搜集业务材料等多种用途。

（二）藏品信息的数字化采集加工

藏品信息的数字化采集加工，是实现数字化管理方式的基础和前提。数字化采集加工意味着信息载体转换，指的是利用计算机、数字照相机、扫描仪等数字化工具，把藏品形态信息和传统的藏品账簿、编目卡片或档案册等纸质载体信息转换为电子数据，也称为藏品信息数据库建设。常见的电子数据形式包括文本文件、静态图像文件、图形文件和视频、音频、动画等流媒体文件。通常采用打字、语音输入或扫描方式将文字信息转化为数据库指标项（字段）记录，用数字摄影摄像等方式将形态信息转化为静态或流媒体数字影像文件，用数字录音设备将语音或音响信息转化为数字音频文件，用数字绘图手段将图纸信息转化为数字图形文件，用三维建模和 Flash 软件制作动画文件。博物馆就是通过这些丰富的多媒体采集加工手段将藏品信息数字化的，最终通过一套管理系统应用软件将这些数据文件有序存储和安全备份。在数据库建设过程中不仅需要购置多种相关的硬件设备和处理软件，还需要花费大量的工作时间和人工劳动。但这些耗费是值得的，因为数字化藏品信息具有沉淀性和分享性，今后它将长久地、反复地、无损耗地、不知疲倦地服务于本馆业务工作，甚至通过数字博物馆等形式更广泛地服务于全社会。

（三）数字化藏品信息的日常应用

数字化成果应用是数字化建设的目的。整天与藏品打交道的保管工作者既是数字化建设工程的主要承担人，也是建设成果的最大享用者。藏品保管员通常在以下五个方面利用数字化藏品信息：

第一，利用数字化藏品信息管理系统，轻松快捷地生成各种工作单据和账簿卡片，以开展各项藏品流通和书面信息管理工作。

第二，利用数字化藏品信息管理系统，迅速而精确地进行各类数据统计，为馆内多种业务决策提供及时而精准的统计数据参考。

第三，利用基于射频识别或红外线等传感技术的移动智能终端，在排架库内进行非接触式的藏品识别、核对等管理操作，以减轻记忆负担，提高劳动效率和藏品安全系数。

第四，利用数字化藏品信息管理系统，应对其他部门乃至馆外专业人员的查询需求，节省保管员应对外部信息服务的工作时间，同时也支持了其他部门的业务工作。

第五，利用数字化藏品信息开展业务学习和藏品研究，以不断提高保管员自身的专业素质和业务水平。

已有的实践表明，数字化信息的日常应用能大幅提高保管工作效率和藏品安全系数，使保管员得以从繁重的手工抄写劳动方式中解脱出来，将更多的时间用于业务学习和研究思考，实现自我提高与完善。

（四）数据库的运行维护及后续更新

数据库建设工作并非一劳永逸，在进入数字化管理状态后，需要长期不间断地对数据库进行维护和更新。

运行维护主要是技术性工作，包括防病毒处理、软件更新和安全备份等，目的在于保障软硬件系统运行顺畅、安全，并紧跟信息科技的进步与发展。

后续更新是指馆藏信息内容将随着实物藏品数量增加或藏品研究的深入而不断增多，需要陆续将这些信息内容补充进数据库，目的在于及时提供最完善和权威的馆藏信息，从而高质量地服务于馆内各项业务。可以说，数据库的维护和更新是一项有始无终而又不可忽视的工作。

第二章　博物馆藏品的保护与研究

博物馆的基本功能之一是收藏文物、标本等各类实物资料。藏品是开展博物馆各项活动的物质基础。如何有效地保护藏品，确保长久保存，是博物馆的一项重要使命。本章围绕博物馆藏品保护的理念与对策、博物馆藏品保存的环境分析、藏品研究对博物馆发展的意义、博物馆藏品研究的内容与方法展开论述。

第一节　博物馆藏品保护的理念与对策

一、博物馆藏品保护的内容与理念

藏品保护是通过对藏品材质的组分、结构分析，揭示其老化败坏机理，进而运用技术手段，对藏品进行保养与修复，控制保存环境，从而延缓其老化过程的一门应用科学技术。

藏品保护的研究内容决定了它是一个多学科相互交叉的边缘学科，既是一门科学，又是一门技术。它涉及的学科有化学、物理学、生物学、考古学、地质学、建筑学、历史学、艺术学等。在藏品的材质、败坏机理、保存环境、保护材料等研究中，许多问题和化学相关，因而藏品保护与化学的关系尤为密切，而物理学、生物学等学科对藏品保护也很重要。因此从事藏品保护工作既需要具有广博的知识，也要有所专长。

（一）博物馆藏品保护的工作内容

博物馆藏品保护的主要工作有三个方面：其一是藏品的科学检测分析；其二是藏品的保护与修复处理；其三是藏品环境的监测和控制，即预防性保护。

通过对藏品进行科学的分析测试，可以分析和提取藏品的材料结构信息、制造工艺方法，判断藏品的制作年代和产地，揭示其价值。同时，可以揭示藏品病害的种类、严重程度，研究病害形成机理和相应的无损、微损检测方法。

藏品的保护，在狭义上主要是指为取得并保持藏品良好的保存状态以便收藏和展示而施加的处理操作，如金属器的缓蚀、纺织品的清洗等。而藏品的修复，主要是在藏品已经出现损坏的情况下，为恢复藏品的良好状态而进行的处理操作，如破碎陶瓷器、金属器的拼接复原等。保护与修复没有绝对的界限，有时还要同时进行。如出土漆器在脱水加固处理时，还可能要矫形并且对碎片进行拼贴。一般来说，保护处理对藏品本体施加的影响要小于修复，有时保护处理不当或无效时，修复可以是一种后继的处理手段。藏品保护科技的一个趋势是从盲目摸索藏品保护修复工艺，转向与对藏品材质、结构和藏品败坏机理的研究相结合，更多地引入现代科技的方法与新材料。

当前，藏品保护科技的理念，已经从以抢救性保护修复、被动维修遭损藏品，向以预防性调控环境、主动维护防止藏品产生劣化方面转变。这是藏品保护科技的另一个趋势。所谓预防性保护，即通过有效的质量管理、监测、评估、调控干预，抑制各种环境因素对藏品的危害作用，努力使藏品处于一个稳定、洁净的安全生存环境，尽可能阻止或延缓珍贵藏品的物理和化学性质改变乃至最终劣化，达到长久保存的目的。

围绕上述主要工作，藏品保护的具体内容包括藏品的材质研究、藏品的败坏机理研究、藏品的保护和修复技术、藏品的日常保养、藏品的价值和真伪的科学评估与鉴定等。

（二）博物馆藏品保护的基本理念

博物馆藏品保护工作的开展，一方面需要依靠合适的技术手段，另一方面需要贯彻科学合理的保护理念，二者缺一不可。其目的都是为了最大限度保存体现藏品真正价值的信息并传之久远。在不少情况下，正确的保护理念，甚至比先进的保护手段对藏品保护的意义更为重要。因为如果指导思想出现了偏差，再好的技术手段也无济于事，甚至会起相反的作用。我们认为，正确的保护理念主要包括以下几条：

1. 最小干预的理念

藏品的保护，主要包括对藏品的保护修复与日常保养。有时，人们为了改善藏品陈旧的外观，恢复光鲜的面貌，对藏品进行过度的保护处理，以图一劳永逸。而实际效果常常适得其反，时隔不久，藏品又会回复原有的老化状态，甚至老化的速度比原来更快，原因之一是施加的保护处理措施在一定程度上打破了藏品长年形成的稳定状态。而且保护材料本身的老化速度有时比藏品本身更快，会对藏品的保护构成威胁。而保护材料的去除，也可能损坏藏品本身。因此，人们逐渐认识到，除非保存环境出现难以改变的明显变化，对于处于稳定状态的藏品而言，不加干预可能是最好的保护。

当然，对于藏品采取最小干预的理念，并非放任不管，而是把保护的重点放在日常保养上，包括对藏品环境的控制、对藏品保存状态的监控。这是一项长期不懈的工作，实质上是对藏品的保护提出了更高的要求。

2. 原真性的理念

不少藏品由于在流传和收藏过程中出现了各种损坏，而这些损坏如果不加以保护和修复等干预，则会进一步发展，危害藏品的长期保存。在这种情况下，就必须加以处理。因此，藏品保护的原真性原则（或称真实性原则）在某些藏品必须进行保护处理时，对于保持藏品原有的历史、艺术、科学价值至关重要。

值得注意的是，藏品缺失部分的修复必须与整体保持和谐，但同时须区别于原作，以使修复不歪曲其艺术或历史。即保护修复的可识别性原则。藏品修复的可识别性实际上就是对藏品原真性的尊重。二者是紧密相关的。在博物馆藏品的保护修复中，以往常常对表面进行修饰，以掩盖修复的痕迹，称为美术修复。这样的处理常常使观众和研究人员难以区分原物和修复部分，给藏品的研究、再次修复和取放过程中的安全性带来了隐患。单纯对缺损的藏品进行最低限度的修补而不加任何修饰的做法，称为考古修复，虽然尊重了藏品的原真性，但一定程度上影响了展示效果。有鉴于此，在藏品修补完成后，对表面稍加修饰，做到既能够分辨修复的痕迹，又兼顾器物整体的协调，称为陈列修复，可以说是藏品保护修复原真性和可识别性理念的体现。

应该看到，保护修复的原真性原则在实际贯彻过程中，也要考虑地域和文化传统的差异。对于藏品的保护修复，不同的地域形成了自身的传统。有些历史上形成的修复处理，本身也成为原真性的一部分。例如，在敦煌文书中有一些在封存于石室之前就在使用过程中经过修补加固；而东亚的古代建筑，由于使用砖木结构，建筑材料需要加以替换才能保持其结构稳定，有时甚至要落架解体重建。在这里，建筑形式的原真性有时比材料本身的原真性更为重要。

3. 可逆性的理念

不少博物馆藏品，尤其是历史文物、化石标本等，具有不可再生性，即损坏以后，不可能再制造或获取与之同样的藏品。因此，对于藏品的保护处理应极为慎重。特别是需要在藏品上附加保护材料，或由于修复的需要对藏品本身进行处理时，应做到具有可逆性。在该处理被认为不合适或有更好的方法予以取代时，可以将原处理去除，以恢复原状。这是藏品保护的基本原则之一。

从理论上来说，任何保护处理，都是对藏品本体的一种干预，都无法做到完全可逆，而且有些施加在藏品上的保护材料或处理工艺，随着时间的流逝，其可逆性会有所下降。因此，使用安全性高、稳定性好的保护材料，延长保护修复的周期，显得尤为重要。保护技术的进步，也体现在保护材料的上述性能的提高上。同时，对于新材料在珍贵藏品或是大量藏品上的应用，也要慎重。须经过反复试验，如抗老化性、可逆性试验等，验证其安全性以后才可以推广使用。

4. 预防性保护的理念

藏品保护中，对于藏品的最小干预和保护处理中的可逆性要求，都提示保护处理的实施，是在不得已而为之的情况下才采取的措施，更重要的是藏品的日常保养。预防性保护主要是为藏品创造一个理想的储放、陈列、运输、使用条件，以延缓藏品的衰老和败坏。保存条件包括保存容器、展示橱柜、温湿度设定、空气的洁净化、防霉防虫等各个方面。同时也包括在有必要进行保护修复时藏品的环境控制，以及进行保护处理时对于日后藏品的保存和展览环境的考量。

注重藏品的预防性保护，逐渐成为藏品保护工作者的共识。例如在虫害的防治上，国际上近年提倡的综合虫害治理，即尽量不使用化学药品，通过阻止害虫的进入，杜绝害虫的繁殖与栖息条件以防止博物馆虫害的方法，也是预防性保护理念的体现。

应当看到，要做好藏品的预防性保护，对博物馆的管理水平和藏品保护技术提出了更高的要求。预防性保护是一项长期的工作，短期内不一定有明显的效果，需要在日常工作中坚持不懈。同时保存环境的控制、对藏品保存状态的监测都需要相应的技术手段。

在藏品的保护工作中，还有一些原则也是需要遵循的。例如在制订保护修复方案时，要对藏品的现状进行科学的分析评估，而不能仅仅从经验出发；对藏品的检测分析、保护修复处理，都要做好记录，作为文物档案的重要组成部分永久保存，以避免重复分析，有利于藏品的日常保养、取用时的安全防护，并且为以后的保护处理提供信息。

二、博物馆各类藏品的保护对策

博物馆藏品保护的关键是防治，即保养和修复。藏品保养就是采取一切防护性技术措施阻止或者延缓藏品的劣化变质。博物馆应当建立完善的藏品保养体系，以保护藏品不受任何有害因素的侵害。一旦藏品出现变质毁损，则应当积极地对藏品进行修复，即对已损藏品进行技术处理，消除其病害，控制其劣化现象，恢复其毁损。无论藏品的保养还是修复，都要严格遵循藏品保护的原则，尽量使博物馆藏品能够长期、完好地保存和使用。

博物馆藏品种类丰富，质地各异，其保护技术也各有特色。藏品保护工作者应当学习研究各类藏品的结构、特征及保护技术，针对不同藏品采取相应的保护措施，切实做好博物馆藏品保护工作。

（一）金属藏品

金属类藏品是博物馆藏品的重要组成部分，它主要包括铜器、铁器、锡铅制品、金银器等。金属藏品受到外界环境的影响，在电化学或化学反应的作用下，会出现从金属向较稳定的矿物质转化的过程，导致矿化腐蚀。因此，金属藏品保护就是要把矿化物质还原为金属，消除造成腐蚀的因素，克服和隔绝外界的化学作用，阻止金属藏品的进一步腐蚀。此外，金属藏品在保存时不应重叠放置，以免造成相互损伤；取用时要戴手套，不要用手直接接触器物，特别是手上有汗时。不同种类的金属藏品，其保护技术也各不相同。

1. 青铜器

铜器就是用红铜、青铜、黄铜、白铜等制作的各种器物。其中，以青铜器最为常见，在博物馆藏品中数量众多，特别是西北地区，更是不乏青铜器精品。青铜的主要成分是铜、锡、铅，其化学性质比较稳定，腐蚀是在一定条件下缓慢进行的，最终形成矿物覆盖层，即铜锈。并不是所有的腐蚀都是有害的，如青铜器经过长期的水浸土埋，在空气、水、电解液的作用下，自然形成的红、绿、蓝、黑、紫、灰、白等颜色的铜锈，它们的性质较稳定，色彩瑰丽，不但不会对器物造成损害，反而更能增加青铜器的艺术效果，显得古朴庄重。此外，空气腐蚀也会使青铜器表面形成一层薄膜，它能有效地阻止青铜器的进一步氧化，使其内部免遭腐蚀。这些腐蚀形成的铜锈和保护层对青铜器的保护是有益的，应当保留。而造成青铜器变质的锈蚀则主要是通过一系列化学反应形成的淡绿色粉状锈，其主要成分是碱式氯化铜。青铜器与氯化物接触就会形成氯化亚铜，而氯化亚铜与水作用则生成氧化亚铜和盐酸，氧化亚铜与水、氧气和二氧化碳又会生成碱式碳酸铜，氧化亚铜与水、氧气和盐酸则可直接生成碱式氯化铜，而其间生成的盐酸也可与铜、氧化亚铜、碱式碳酸铜继续作用生成碱式氯化铜。如此长期反复作用，青铜器的腐蚀就会不断蔓延、深入，导致器物变形、纹饰脱落、铭文模糊，直至溃烂、穿孔，完全损坏。而且粉状锈还会将病害感染至其他青铜器，危及整个馆藏青铜器。所以，此类有害粉状锈也被称为"青铜病"。粉状锈的发生蔓延需要含有氯离子的潮湿环境，因此，青铜器的保存必须处理好氯离子。可以采取相应的措施，将铜的氯化物转化为不含氯离子的稳定物质，或者将铜的氯化物用物理和化学的方法封存，使其与氧气和水隔离，创造干燥适宜的保存环境，即相对湿度低于35%，使青铜器处于稳定状态，以防止病害发生，或阻止病害发生后的蔓延传染。

如果青铜器出现了粉状锈，则要及时进行处理，以防止和消除病害。可以采取物理的机械法、超声波除锈法、喷砂法等，它们均能有效地清除锈垢，但不能根除病害；也可以采取一些化学的方法，如锌粉封闭置换法、碱浴法（倍半碳酸钠浸泡法）、过氧化氢法、局部电蚀法、氧化银局部封闭法、苯骈三氮唑（BTA）

法、2- 氨基 -5- 巯基 -1，3，4- 噻二唑（AMT）及其复配剂等方法，将铜的氯化物转化为不含氯离子的稳定物质或将其与氧气和水隔绝，最终达到缓解、消除腐蚀，防止病害扩散的目的。

2. 铁器

铁的化学性质活泼，在空气中极易氧化，生成铁的氧化物，再与水作用，最终变成铁锈，即氢氧化铁。铁锈质地疏松，具有充满毛细管的多孔性表层，会吸附大量水、无机盐和污垢，会使铁器腐蚀加剧。此外，氯化物也是铁器腐蚀的主要因素，它能与铁作用生成三氯化铁，三氯化铁又会与水作用形成氢氧化铁和盐酸，盐酸继续与铁反应，这样周而复始，使铁器不断腐蚀。总之，铁器的腐蚀机理复杂，是化学、电化学和细菌腐蚀交错作用的结果。

铁器的保护应当以精确的检测为基础，确认铁器的质地和锈层的组成，根据实际情况，选择适当的方法进行除垢防腐处理。通常在进行处理前，先要对藏品进行去污处理，去除表层的污垢；然后可以采取如青铜器一般的机械除锈、化学除锈、电化还原除锈等方法进行除锈处理。需要注意的是，锈层下质地坚硬、化学性质稳定的磁铁矿对铁有保护作用，处理时应采用带锈保护法，除去外层疏松锈，通过稳定内部锈层来强化对铁基体的保护。已腐蚀的铁器经过除锈处理后仍有可能再被腐蚀，还应作保护性技术处理，通过加入碳酸环乙胺等缓蚀剂、进行磷化处理、使用环氧树脂等高分子材料的手段，增强锈层的强度和防水性，形成稳定的保护膜，提高其抗腐能力。然后，使用微晶石蜡、三甲树脂等封护渗透材料对铁器藏品进行表面封护，以防止其再次腐蚀，形成良好的微环境。经过上述技术处理后，藏品可能会发亮失真，但可以通过消光处理使其保持原貌。

3. 锡铅制品

锡制品通常比较稳定，但其受温度的影响较大。其保存和使用时，环境温度不得低于18℃，否则，锡就有变态趋势。当环境温度低至 -30 ~ -40℃时，具有金属光泽的白锡就会变成质地松脆的灰锡，出现"锡疫"。一旦发现，应当立即隔离处理，即置于蒸馏水中煮沸使其恢复白锡状态。但当环境温度高于160℃时，它又会变成脆锡，使器物呈沙砾状至剥落。此外，锡器在潮湿环境下也会氧化，可以采用电化还原法处理。

铅制品容易形成稳定的灰色氧化薄膜，对藏品有一定的保护作用。铅制品在潮湿环境和二氧化碳的作用下也会发生腐蚀，而且在空气中极易受到有机酸及油脂类物质的污染。其腐蚀可以使用稀盐酸溶液浸泡等方法去除，最后采取表面封护处理。

4.金银器

金器的保护相对简单，因为金的化学性质稳定，不易腐蚀。金器上的灰尘可以用柔软的毛刷或羚羊皮等拂拭；有机污垢可用氢氧化钠水溶液清洗；出现腐蚀物，多为其他氧化所致，可使用酸类去除。金器最好放置在木匣或布袋中保存，避免碰撞引发机械损伤。

银器则比较活泼，极易与其他化学元素作用。在空气中，银器会与含硫物质反应，产生一层均匀稳定的黑色硫化银薄膜，具有一定的保护作用。但如果继续与硫化物反应，则会变得又黑又脆，需及时处理。银器还会和氯化物、盐酸等物质反应，形成腐蚀。因此，银器的保存要特别注意，库房要保持清洁，无尘埃及气体污染；照明灯光最好用黑布蒙上；不要在其藏品柜和陈列柜内放樟脑；不要与其他金属接触；不要与毛织物接触等。已腐蚀生锈的银器，则可先对器物表面原封护膜清洗，再使用机械法、氰化钾法、硫代硫酸铵溶液或硫脲溶液法、电化还原法和电解法除锈，然后清洗、干燥、封护，最终使其恢复。

（二）石质藏品

博物馆收藏的石质藏品种类繁多，主要包括石刻造像、碑铭墓志、玛瑙、水晶、玉石、翡翠、各色宝石等。它们虽然形态各异，但其性质基本相同，保护技术也是大同小异。

从墓葬、石窟寺或野外入藏博物馆的石质藏品需要进行表面除垢以及清除可溶性盐如氧化钠、硫酸镁、硅酸钠等和微生物的处理。因为可溶性盐和微生物都可以导致石质藏品剥蚀、断裂、生霉、变质，最终毁损。所以，可以先使用机械法、超声波法、应用化学试剂等方法除垢；然后将其在流水中浸洗数周，再改用蒸馏水浸洗或使用纸浆涂敷，干后揭取等方法清除可溶性盐；采用辐射等方法杀灭微生物；最后对其残损部分使用环氧树脂等粘合剂和高分子有机聚合物如聚氨酯等进行修复保护处理。温湿度的变化也会导致馆藏石质藏品的损坏。因为石质藏品的内部成分存在自然差异，各成分的膨胀系数不同，受外部温湿度变化的影响，就可能会造成石质藏品的开裂。过低的温度和潮湿的环境，也会造成石质内部结冰，导致开裂。此外，潮湿环境下，石质藏品遇到酸性、碱性物质都会造成藏品变质。所以，保存石质藏品的适宜条件是温度和相对湿度分别在 16 ～ 25℃和 50% ～ 65% 之间。空气中的污染物引起的化学反应也是石质藏品毁损的重要原因。空气中的二氧化硫和二氧化氮等气体与藏品表面的水汽结合会形成硫酸和硝酸等。这些酸本身对藏品就有影响，而且其与碳酸钙类石质藏品发生作用会形成硫酸钙的壳层，壳层在酸的长期作用下又会溶解，如此反复，藏品就会逐渐剥蚀酥化。所以，石质藏品的保存除了注意温湿度外，还要求空气洁净，防止大气中的各种酸性气体污染。一些大型的石质藏品还应采取相应的措施，防止人为的碰撞、打击和刻画，在使用和运输过程中注意各种因素的影响。

（三）硅酸盐类藏品

硅酸盐类藏品是指以天然硅酸盐为原料制成的器物，包括陶瓷器、砖瓦、玻璃制品等。其中，陶瓷器与玻璃器是比较常见和典型的硅酸盐类馆藏品，我们就以此为例简要介绍本类藏品的保护技术。

1. 陶瓷器

陶瓷器是由长石、高岭土、黏土和石英等硅酸盐材料制成。陶器的主要原料是含有少量高岭土的黏土，而瓷器的主要原料是高岭土。它们都经过配料、制胎、成型、干燥、焙烧等工艺制成，但陶器的烧制温度远低于瓷器，一般不超过1000℃，且其表不施釉或施低温釉，故其胎质粗松多孔，具有较强的吸附性；而瓷器则需要 1200℃ 以上的高温焙烧，表面施高温玻璃釉，其器表光滑，胎质致密坚硬，不易吸水、渗透。陶瓷器都容易受到机械作用导致器物的破碎，因此，在取用时应轻拿轻放，使用时要用棉垫或塑料泡沫保护，避免震动、重压、撞击和摔打造成的毁损。考古发掘得到的陶器，长期埋藏在地下，器物表面容易沾染污垢或覆盖凝结物，可溶性盐类和其他杂质也会渗入内部。出土后，由于环境气候的变化，渗入器物内的盐类会反复出现重结晶和溶解现象，使器物强度降低，变得酥脆易碎，故出土时许多陶制品已成碎片，保存完整的器物较少。而瓷器由于其质地坚硬，不易渗透，所以，出土和传世的瓷器保存完整的较多，其中不乏珍品。

破碎的陶器在收藏时需要给予科学及时的处理，经过碎片对接、粘结、补配、仿色、修复等过程，才能恢复其原貌，重获其历史和艺术价值。陶器表面如果有可溶性污垢，可以用蒸馏水冲洗，但要注意防止将彩陶的色彩洗掉。覆盖在表面的不可溶凝结物可以根据其成分选择可溶性试剂，如用 10% 的盐酸或硝酸溶液去除碳酸盐凝结物，用浓硝酸去除硫酸盐物质，用 1% 的氢氟酸溶液清除硅酸盐沉积等。无论采取任何方式，处理完后都要将残余的酸液冲去，以免造成隐患。陶器内部的污垢和沉积物，则应在测定其成分的基础上，根据其成分采取相应的措施去除。对带釉的陶器，只能用盐酸溶液除垢，不能用硝酸等强酸，以免腐蚀釉料。对质地酥脆和已经剥落的陶器，则需要及时采取加固措施。可以使用聚醋酸乙烯酯乙醇溶液、丙烯酸酯乳液等作为渗透剂，采取加压渗透加固法对酥脆陶器进行加固；对颜色或釉粉脱落的陶器，可用 5% 浓度的尼龙酒精等溶液进行加固。

瓷器表面的污垢可以用洗涤剂清除，其表面和内部的凝结物也要根据不同的成分，采取与陶器相同的方法处理。对于破损的瓷器也可以采用与陶器修复相同的粘结剂如硝基纤维素、环氧树脂等进行修复。

近年来海洋打捞的陶瓷器，其主要保护技术措施就是脱除其中的盐分和清除水生沉积物。海水由于含盐量高，所以，其对陶瓷器的损毁机理同出土陶瓷器相同，但危害更大。故在打捞前后都应保持其潮湿环境，为防止盐分析出，最好先在淡化海水中浸泡。而海洋生物形成的碳酸钙沉积层，质地坚硬，可以采用超声波或化学溶液等予以去除，然后再对陶瓷器进行浸泡脱盐等处理，使其得以更好地保存和使用。

陶瓷器的保存环境应当相对干燥洁净，相对湿度不能太高，因为过分潮湿加上低温会使陶器胎体内的水分冻结，引起碎裂；而水分过多也会使瓷器表面的玻璃质破坏分解，导致瓷器毁损。所以，陶瓷器的保存温度应控制在 15 ~ 25℃ 之间，相对湿度在 45% ~ 65%。

2. 玻璃器

熔制玻璃的主要原料是石英砂。考古发现证明，西方的古代玻璃主要是以石英砂、碳酸钠和石灰为原料制成的。我国也有悠久的玻璃制造历史，自西周以来历代皆有出土。但我国古代的早期玻璃含有较高的氧化铅和氧化钡，属于铅钡玻璃。汉代以后的玻璃，情况变得复杂，既有原有的铅钡玻璃，又有新出现的钾钠玻璃。这些玻璃的化学稳定性不如现代的钠钙玻璃。至于我们见到的有色玻璃制品，则是加入显色剂的结果，如呈绿色的氧化铁，呈蓝色的氧化铜，呈紫色的氧化锰，呈琥珀色的硫化亚铁等。

玻璃器也极易遭到机械性的破坏，因此，在保护和使用过程中要格外小心谨慎，轻拿轻放，以免碰撞、重压、震动造成藏品毁损。此外，玻璃器还会出现粉化剥落、变色炸裂、失去光泽等劣化变质现象，它们的发生都与环境的温湿度变化等有着密切的关系。玻璃中所含的氧化钠和氧化钾容易与水反应，使玻璃腐蚀变质，产生晕色、闪光膜、起雾、粉化剥落等现象。含氧化铅的玻璃则不稳定，容易风化变色。在湿度过高的环境下，玻璃还容易变得表面模糊，失去光泽，甚至炸裂。因此，保存玻璃的环境应该干燥低湿，温度应为 16～25℃，相对湿度以 45% 为宜，一般控制在 35%～55% 之间。保存环境中的空气污染物对玻璃也会造成影响，所以，空气的清洁也非常重要。

对已经出现风化、粉化等变质毁损的藏品，可使用无色透明的丙烯酸类树脂进行封护加固，减缓其腐蚀。对透明度下降的玻璃器，程度较轻的可用稀醋酸擦拭，中和玻璃表面的游离碱，使玻璃器恢复其透明度。对已开裂破碎的玻璃器，可选用快速粘合剂、环氧树脂等高分子材料粘结加固。

（四）动物有机质地藏品

动物有机质地藏品是指用动物的皮革、牙、角、骨等为材料制作的各类藏品，它们也是博物馆藏品的重要组成部分。

1. 皮革制品

皮革主要由蛋白质纤维的网状结构组成，此外，还含有大量维持皮革弹性的水和油脂等物质。影响皮革制品变质毁损的因素主要有光照、高温、不适宜的湿度及各种有害微生物等，并且它们往往是交织作用的。

高温会使皮革制品变得僵硬、易碎、易裂。过分干燥则会使其失去水分，变得脆弱；而过分潮湿，又容易滋生霉菌，使其腐败损毁。在不适宜的温湿度环境下，皮革最容易成为霉菌和微生物繁殖的温床，从而使其受到蛀蚀。因此，皮革的保存环境要求其相对湿度以 55%～65% 为宜。

脆弱的皮革制品可以使用甘油、羊毛脂、蓖麻子油等进行日常养护。对于较薄的皮革则可用甘油和水、蛋黄制成的乳剂进行养护。对于已经变干、变硬的藏品，可先用湿海绵在皮面和褶缝处擦拭，然后使用以羊毛脂为主的混合液体进行鞣皮处理，使其恢复原状。特别糟朽、脆弱的藏品，则可以在其背面裱层帆布进行加固，使其长久保存。

2. 骨角器与象牙器

温湿度的剧烈变化是骨角器与象牙器发生翘曲、开裂的主要因素。不适宜的温湿度和空气污染还会促使它们老化变质，颜色发黄或变深。因此，保存骨角器与象牙器的环境温度应为 16 ~ 25℃，相对湿度为 60% ~ 65%。考古发掘得到的藏品，由于长期埋藏地下，表面可能形成锈层和霉斑，也容易遭受其他因素的侵蚀，使其质地变得疏松，易断裂、酥碎。

出土的骨角器及象牙器，如保存完整，可使用缩胀法去除锈层。表面的霉斑，可用 2% ~ 5% 的草酸溶液或柠檬酸液清洗，再用稀氨水中和，并用蒸馏水冲洗。清除锈层和霉斑的操作进行后，要将藏品放在玻璃器皿或塑料袋中，使其缓慢干燥，以免变形开裂。出现脱层和残缺的藏品，可使用松香、蜂蜡等的混合剂加热修复。对于质地疏松、断裂剥落的藏品，则可以使用 15% 的聚醋酸乙烯酯、甲苯、丙酮等溶液进行渗透加固。

（五）纺织品

纺织品主要指用棉、麻、丝、毛等动物或植物纤维为原料制作的各种织物。这类藏品也被称为有机纤维质地藏品，其特点是质地柔软，弹性较强，具有很强的吸水性，特别是由多孔角质构成的丝、毛制品。它们吸水后体积会膨胀，干燥后水分蒸发，又会恢复原状。但膨胀超过一定限度，就不能再恢复。植物纤维由于会出现纤维水解，所以它们在长期膨胀后往往难以恢复。纺织品很容易燃烧，并且不适宜的温湿度、光照、害虫霉菌等因素都能造成其变质毁损。

纺织品保存环境温度过高，容易使纺织品纤维中原有的水分蒸发，造成藏品干裂、发脆。温度波动过大，内部纤维热胀冷缩，会产生剧烈摩擦，降低其强度。湿度过大，则容易生虫、发霉，使藏品受到蛀蚀和伤害。因此，博物馆纺织品的保存温度最好控制在 14℃ ~ 18℃ 之间，最高不能超过 25℃，气温日较差不超过 2℃ ~ 5℃；相对湿度控制在 50% ~ 65% 之间，日湿度变化不超过 3% ~ 5%。

可见光和不可见光对纺织品都有影响。其中，紫外线的破坏性最大，会使藏品的颜色褪变，破坏有机物的结构，使其强度降低。因此，它们在保存时还要严格防止日光照射，应降低光照度，减少光照时间，照度最好不要超过 50 lx。珍贵的纺织藏品更是严禁拍照摄像。

　　纺织品也很容易发生虫害和霉菌。其中，毛衣鱼和皮蠹是主要害虫，它们会蛀蚀藏品，使其变质毁损。霉菌则会使藏品出现菌斑，并使其变得潮湿、发黏，甚至导致藏品变色。因此，纺织品要展开存放，不应折叠，入藏前一定要经过严格的藏前处理。此外，还应定期检查，保持库内清洁，一旦发现病害，要及时采取措施杀灭虫菌，保护藏品。

　　对于已经糟朽断裂的纺织品，需要立即采取科学的方法进行加固养护处理。目前，加固纺织品的有效途径主要有传统的托裱加固法、夹衬固定法，以及利用高分子材料进行的丝网加固法、派拉纶真空镀膜法等方法。它们均各有利弊，博物馆在具体操作过程中，应该结合实际情况，遵循藏品保护的原则，选择适宜的方法进行藏品保护修复。

（六）纸质藏品

　　纸质藏品泛指以纸张为载体的各种藏品，包括拓片、古文献、典籍经卷、书法绘画品等。自汉代发明造纸术以来，纸张的应用日益普及，留下了大量的纸质藏品。纸是由经过制浆处理的植物纤维水悬浮液通过脱水、压榨和烘干而形成的纤维制品。纸质藏品的保护与酸度、微生物、温湿度、光照及空气污染等都有着密切的关系。

　　纸张的耐折力和它的酸度密切相关。纸张的酸性是由于年代久远变质或造纸过程中的遗留造成的。中性纸张（pH 值为 7 ± 0.3）的耐折力高，而酸性纸的耐折力低。当纸张的 pH 值低于 4 ~ 4.5 时，就变得相当脆弱了。因此，为了使纸质藏品更长久完好地保存，应注意防止其酸化，保存时尽量使用无酸纸制作的盒、匣、箱、袋等放置藏品，或在保存藏品的封闭容器内放置除氧脱酸剂。当发现纸张的 pH 值低于 5.6 时，就应当立即采取脱酸措施。纸张脱酸的主要方法有：水溶液法，即使用低浓度的氢氧化钙饱和溶液或碳酸氢钠、碳酸氢镁溶液等浸渍纸张，使纸张的酸性中和；有机溶剂法，就是使用甲醇镁溶液、甲氧基碳酸镁溶液等有机溶剂浸渍纸张，达到脱酸的目的；气相法，以二乙基锌等作为气相脱酸剂，对酸性纸作脱酸处理。但要注意，这些脱酸方法都有不同程度的副作用，要慎重地选择使用，做好善后处理。

　　纸张中的纤维是有机物，在制纸过程中还要加入动物胶、淀粉、矾和树脂等，再加上装订裱衬时所用的糨糊等，这些都可作为昆虫和霉菌生长所需的食物。一旦环境气候适宜，很容易滋生害虫、霉菌，造成纸张变色，甚至变脆、掉渣，直至彻底毁损。所以，纸质藏品的保存必须先经过消毒处理，以达到防霉、杀菌的目的。对纸张的杀虫防霉处理，可以利用麝香草酚、环氧乙烷等进行熏蒸；也可利用 10% 的麝香草酚酒精溶液等制成防霉药纸夹在藏品中，防虫杀菌。

不但保存环境的温湿度会引起纸张本身的变质、造成微生物对纸张的影响，而且光照和空气质量也对纸质藏品影响重大。因此，纸质藏品最好保存在通风洁净的环境，温度应保持在 15.5℃，相对湿度保持在 60%。在光线作用下，纸张内部的纤维分子结构断裂，强度降低，会出现颜色发黄、酥脆粉化等病害。所以，其保存环境的光照强度应予以严格控制，一般不能超过 50 lx。此外，还需要注意，纸质藏品在保存时应当展开平放，不应重叠，取用时必须戴手套。

对于已经出现变质毁损的纸质藏品，要及时地进行加固、修复处理。它的加固方法基本与纺织品相同，主要采用派拉纶真空涂膜法和夹衬法，即在纸张前后两面各罩上一层丝网，用淀粉糨糊粘合，或者把纸夹在两层醋酸纤维素或天然蚕丝织成的丝网薄膜中间，通过加热压合固定。残损藏品的修复方法主要有配纸粘补法、纸浆修补法等。

第二节　博物馆藏品保存的环境分析

博物馆藏品保存状态的优劣，首先取决于其内因，如材料质地、制作工艺等；同时也与外因密切相关，外因主要是保存环境。因此，博物馆的环境应有益于藏品的保存，使之处于一个适宜的保存条件中。一般而言，在收藏、展示、运输、研究、保养、修复等任一环节，都要维持相对稳定的条件，以延缓藏品的老化损坏过程。

一、藏品保存环境的影响因素

博物馆的藏品处于特定的环境中，会受到各种环境因素的影响，例如温度、湿度、光线、污染气体、微生物、虫害等。藏品的损坏，并非某一因素的单独作用，常常是几种因素相互关联，共同影响。如微生物对藏品的损害，一般与温度、湿度密切相关；而污染气体对藏品的损坏，也和温度、湿度相关，有时还会受到光线的影响。研究环境因素对于藏品保存的影响，既要分析各因素变化对藏品的作用，也要综合分析，注意环境因素的协同作用。

影响藏品保存的环境因素主要有以下几个方面：

（一）空气的温度和湿度

空气的温度是表示空气冷热程度的物理量。度量温度高低的标尺称温标。目前国际上使用的温标有摄氏温标、华氏温标和热力学温标。藏品保护中常用的是摄氏温标，其定义是在 1 个标准大气压下，冰水混合物的温度为 0℃，水的沸点为 100℃，中间划分为 100 等份，每等份为 1℃。

温度对于藏品的保存有重要影响，藏品的老化败坏，很多情况下属于化学反应，根据范特荷夫规则，温度每升高 10℃，化学反应速率会增加到原来的 2 ~ 4 倍。因此较低的温度，有利于降低化学反应速率，延缓藏品的老化。温度对藏品的影响，有时是间接性的，例如温度的变化，可能引起相对湿度的波动，而一定范围内较高的温度，又会使昆虫和霉菌等生物活动趋于活跃，加剧虫害和霉变等现象的发生。

空气的湿度是衡量空气干湿程度的物理量。在一定温度下，空气中水蒸气的量有一个最大限度，超过这一限度，多余的水蒸气就会从空气中凝结出来。这种含有最大限度水蒸气量的湿空气称为饱和空气。一定体积的饱和空气在任意给定温度下能含有水蒸气的最大量称为空气的饱和含湿量（qs），这个量通常以每立方米空气中所含水汽的克数表示。不同温度下，空气的饱和含湿量是不同的。在一定温度下，1 立方米空气中实际含有水蒸气的质量，称为绝对湿度（Absolute Humidity，简称 A.H）。一般情况下，绝对湿度低于该温度下的饱和含湿量。但是，绝对湿度的测量，并不能说明该空气是否饱和，或者还能吸收多少水。因此，应该考虑绝对湿度和饱和含湿量的关系，这种关系与温度相关。于是就有相对湿度的概念。

在一给定体积的空气中，绝对湿度与该温度下的饱和含湿量的百分比，称为相对湿度（Relative Humidity，简称 R.H）。

$$R.H=（A.H/qs）\times100\%$$

由于饱和含湿量与温度有关，温度越高，饱和含湿量越大，因此在一个相对密闭的空间，如陈列柜中，如果空气中所含水蒸气量不变，也就是绝对湿度不变，则温度升高时，相对湿度减小；温度降低时，相对湿度增大。如果温度降低较大，使得饱和含湿量小于绝对湿度时，则会发生冷凝现象，即有多余的水蒸气变为液体以小水滴或湿膜形式出现在物体表面。冷凝对于藏品有严重危害，冷凝出的水可以通过毛细管作用渗入藏品，把污染物和微生物带入藏品内部，或溶出藏品内部的盐类，在表面析出而造成表面的酥碱粉化现象。因此用相对湿度表示空气的干湿程度更为直观实用。

就温度和湿度而言，相对湿度一般对于藏品的影响更大。在博物馆内，平均温度的变化范围一般在20℃以内，在这个范围内，藏品受温度变化的直接影响不是太大。而博物馆中年平均相对湿度可能有50%的波动，在此波动范围内，除石质藏品和瓷器以外，几乎所有藏品均会有所反应，使器物内部原有的平衡被破坏而发生损坏。如过高的湿度可以造成纸张的纤维素水解、金属器物的腐蚀等，而过低的湿度又会使纸张变脆、墨产生裂纹、竹木器开裂变形等。

同时，危害藏品的微生物和害虫的生长繁殖都要有合适的温湿度，控制温湿度对抑制其生长繁殖也有决定性作用。

（二）采光照明

相较于温湿度对藏品保存具有的普遍性影响而言，采光照明对于藏品的影响似乎更容易控制，因为藏品在储藏过程中不需要照明，只需考虑藏品在展示、研究过程中的照明控制。由于大多数物体对光是不透明的，光线直接引起藏品破坏的部位主要是在表面，但表面常常是很多藏品的精髓，因此照明对于藏品的影响同样不可忽视。特别是有机质藏品，如书画、纺织品、皮革等。

在研究光对于藏品的影响时，主要研究波长在400nm～760nm的可见光的作用，因为可见光是照明所必需的。而波长小于400nm的紫外线和大于760nm的红外线也常常在考虑范围内。它们虽然不是藏品照明所需要的，但一般光源均带有一定量的紫外线和红外线。

光线对于藏品的影响主要表现在以下几个方面：

1. 光诱导化学反应

也称光化学反应，光可以使分子从基态激发成激发态分子，从而与同种或不同种基态分子发生化学反应。这样的激发过程，分子对于光线的吸收具有选择性，即要求光子的能量正好等于基态和激发态的能量差。对于藏品材料而言，光的波长越小，能量越大，对其破坏力也就越大。可见光的能量虽然也能使染料和纤维素等有机物质受到损害，但纸张和染料分子中，C、H、O、N等元素间形成的化学键的键能不少都在紫外线的能量范围内，因此波长较短的紫外线比可见光对藏品的损坏更为严重。但由于可见光在照明光线中的丰度大，所以可见光是造成藏品光照损害的主要因素。光化学反应引起的藏品损害主要有染料和颜料的褪色、纸张在光照条件下的光裂解、光氧化和光水解反应等。

2. 光的热效应

各种光辐射如同其他辐射一样，被物质吸收后，物质的温度都会上升，特别是红外线，它对吸收物的热效应是主要的效应，又称热辐射，可能引起藏品表面温度的上升。一般材料长时间接受 100 lux 的光照，温度可升高 2℃～3℃，黑色表面的温度可升高 3℃～5℃。局部温度的升高，可以引起藏品的热膨胀而产生变形；同时可能引起生物活性的变化，如昆虫霉菌的繁殖；加热也可以导致相对湿度变小，引起材料发脆；化学反应速率随温度升高一般也会增加。

（三）粉尘与污染气体

随着工业的发展，环境污染问题也日益严重。环境污染不仅给人类和动植物的生存带来危害，也对博物馆藏品的保存构成了严重的威胁。大气污染源有自然和人为两类，一般来说自然污染只占空气污染的一小部分，其产生常常是人类难以控制的。人为污染是大气污染的主要问题。人为污染的主要来源之一是燃料的燃烧，如燃煤产生的烟气和汽车排放的废气。

污染源排放的污染物种类数以千计，在大气中主要有五类：①碳氢化合物；②一氧化碳；③氮氧化物；④硫氧化物；⑤粒状污染物。但对藏品影响较为显著的是氮氧化物等含氮化合物（包括氨气）、硫氧化物等含硫化合物（包括硫化氢）、粒状污染物和光化学烟雾等形成的臭氧等。

1. 氮氧化物（NO_x）

氮的氧化物种类很多，其中在汽车的内燃机气缸燃气的高温条件下，N_2 和

O_2 反应生成 NO，NO 不活泼，但当其在大气中达到一定浓度，在光的作用下可与氧气发生光化学反应生成臭氧。NO 可进一步氧化生成 NO_2，NO_2 是空气的主要污染物之一，可以和水作用生成硝酸和亚硝酸，形成酸性雨雾。硝酸是一种具有强氧化性的强酸，对有机质和无机质藏品具有广泛的危害性，如腐蚀金属、水解纤维素、侵蚀含钙的石块和壁画等。

由于城市中汽车的增加，NO_2 的浓度在不断升高。在光作用下产生的二次污染物——臭氧和 PAN（过氧乙酰硝酸酯）造成的损害也应重视，如 PAN 对氨基染料靛蓝有作用。

2. 硫氧化物（SO_x）

矿物燃料（煤、煤气、汽油、天然气等）燃烧时都会放出 SO_2 气体，因为这些燃料都含有硫或硫的化合物。大气中的 SO_2 主要来源于自然生物系统，但人为造成的 SO_2 在工业区造成了很高的局部浓度，SO_2 本身仅是一种弱酸酐，但在烟尘（金属粉尘）、光的催化下容易被氧化成 SO_3，并能与水结合形成硫酸。硫酸是一种非常强的酸，同时具有很强的氧化性，具有腐蚀作用。SO_2 对纤维素（纸张、棉、麻织物）、蛋白质（丝、毛、皮革）、碳酸钙材料（石刻、壁画）、玻璃、染料、颜料、金属（例如铁）等均有腐蚀破坏作用。

3. 臭氧（O_3）

博物馆中臭氧的来源主要有以下几种：

（1）大气上层的自然产物。主要是由紫外线作用于 O_2 生成。

（2）光化学作用产生。由于工业污染，特别是汽车排放的废气，使空气中的碳氢化合物、氮氧化物的浓度大为增加，在充足的阳光下发生光化学作用，生成臭氧等，又称光化学烟雾。

（3）灯和电器设备中产生。强电场和短于 300 纳米波长的紫外线亦会产生臭氧。如静电吸尘器在其高电压周围的电场里，复印机内的汞蒸汽灯等，均可使空气中的 O_2 产生化学反应生成 O_3。

臭氧是一种强氧化剂，几乎能损坏所有的有机藏品，如书画、纺织品、皮革、家具等，尤其对于染料的褪色作用十分明显，因此对于染色的纺织品和彩色印刷品要特别注意臭氧的危害。

4. 粒状污染物

粒状污染物是指能够分散的固体和液体颗粒物，它们的粒度大小差异较大，极细的颗粒直径只有 0.01 μm。一般把小于 10 μm 的颗粒称为飘尘，它能长期悬浮在大气中，直到吸附到物体的表面为止。粒状污染物的成分极其复杂，化学组成因地而异，主要有硫酸和硫酸盐、硝酸盐、氯化物、细菌和病毒等。粒状污染物往往带有强烈的腐蚀性，又是其他多种大气污染物的载体和催化剂；霉菌的孢子可以附着在粒状污染物，特别是飘尘上进入建筑物的各个角落，从而危害博物馆藏品。

另外，新建博物馆水泥混凝土墙体放出的氨气、建筑装潢材料释放的甲醛、木材中的乙酸等气体对于室内藏品的影响也不可忽视。

（四）有害生物

对于博物馆藏品危害较大的生物因素主要是微生物和有害昆虫。微生物主要是霉菌、细菌和放线菌，其中霉菌对藏品的影响尤为显著。

霉菌是真菌的一种，是危害纸张、纺织品、动植物标本等有机质藏品的主要微生物。常见的霉菌有曲霉、青霉、毛霉等。这些菌能分解纤维素、淀粉等。藏品保存期间出现的霉变，是由于附着在其上的微生物，在适宜的条件下，大量生长繁殖、分解营养成分的一种现象。微生物的聚集，是导致藏品霉变的先决条件，而环境条件对微生物的影响，是决定藏品霉变与否的关键。微生物的生长，需要一定的温湿度条件，绝大多数对纸张、纺织品藏品有害的微生物为中温性微生物，如霉菌多是中温性的，适宜温度为 20℃ ~ 28℃。但是需要注意，少数低温性微生物，在 0℃ 以下的高湿情况下仍能活动。各类微生物对于空气湿度的要求是不同的，对有机质藏品有危害作用的微生物中，几乎所有的细菌、放线菌、酵母菌和霉菌中的毛霉、根霉和镰刀菌等，都是湿生微生物。在相对湿度为65% ~ 70% 时就能发育繁殖。因此相对湿度 65% 可作为长期储放有机质藏品的安全界限。当然湿度低一些更为安全。根据微生物环境 pH 值的要求可将其分为嗜酸性、嗜中性或微碱性两大类型。霉菌大多属于嗜酸类型，其最适宜的 pH 值为 5 ~ 6。酵母菌也属嗜酸类型，而大多数细菌和放线菌属于嗜中性或微碱性类型。微生物对有机物的分解，往往能产生有机酸，为大量嗜酸性霉菌的活动创造了适宜的环境。

有机质藏品的霉变，一般是从外部逐渐向内发展，被霉腐的器物，起初在其表面出现暗灰色斑渍或淡黄、灰绿的小点，然后变成深黄色以至黑色的斑点、斑块，严重者引起霉烂。霉变过程中有机物，如纸张中纤维素的分解、丝毛类藏品中蛋白质分子的水解等，使藏品强度下降，引起损坏。

危害藏品的虫类主要是一些昆虫，如各类蠹虫、毛衣鱼、白蚁等。主要侵蚀有机质藏品，如竹木制品、纸张、纺织品等。昆虫的生长需要合适的环境条件，昆虫是变温动物，一般来说，8℃～40℃是昆虫能正常生活的温度范围，其中，22℃～32℃为最适温度区，在这一温度范围内，昆虫生长繁殖快。水是昆虫进行生理活动不可缺少的介质，各种昆虫对空气湿度也有一定的要求，昆虫最适宜的湿度在70%～90%，相对较低的湿度能抑制昆虫的繁育，甚至促使死亡。空气中的氧是昆虫新陈代谢不可缺少的物质，保持含氧量在0.2%以下一定时间，对昆虫也有致死或抑制作用，这也是真空窒息杀虫的主要原理。

藏品保存中主要的有害昆虫有：纺织品的害虫，如红绿皮蠹、小圆皮蠹；皮革类藏品的害虫，如花斑皮蠹、黑皮蠹；木质类藏品的害虫，如中华粉蠹、白蚁、家茸天牛；竹类藏品的害虫，如竹长蠹、褐粉蠹；纸类藏品的害虫，如毛衣鱼、书虱、窃蠹、蜚蠊（通称蟑螂）。

二、库房的藏品保管环境

（一）控制温湿度

博物馆藏品在库房收藏时，其首要环境因素是温湿度的影响。各类藏品适宜的温湿度值各不相同。一般来说20%～50%的相对湿度对大多数藏品的保存较为适宜。

在温湿度的调节控制方面，要遵循以下原则：第一，如果某一温湿度条件被证明对某一文物的保存是合适的，则应维持这一温湿度条件。第二，如果需要变动文物保存的温湿度条件，这种变化应该是缓慢渐进式的。第三，复合材料文物，其保存的温湿度一般应根据其中最敏感材料适宜的条件来设定。

测量温度的仪器为温度计，常用的环境温度测量设备为液体膨胀式温度计，依靠水银、煤油等液体的热胀冷缩原理在细玻璃管中指示温度。对于大型藏品表面的温度测量，也可以采用红外辐射温度计实现非接触测量。湿度计则有干湿球湿度计、毛发湿度计、电化学湿度计等。博物馆常用的还有数字式自动记录温湿度计，除了显示实时温湿度以外，还能记录历史数据，甚至无线上传相关数据以便对温湿度进行实时监控。

博物馆温湿度的控制方法主要有：

（1）通风。通风是根据空气流动的规律，有计划地使室内外的空气交换，以达到调节室内空气温度和湿度的目的。通风时要根据室内外温度与湿度的差异，并参考风力、风向来决定是否能够通风，同时通风要和严格的密封联系起来，否则通风后的效果不能维持。

（2）使用恒温恒湿设备。在库房和展厅使用恒温恒湿设备是控制温湿度的理想选择。一般来说，博物馆恒温恒湿设备的加湿可通过电加热水，除湿主要通过在新风系统设置表冷器，露点温度（Tdp）经过计算控制（如在20℃、55%相对湿度下，TdP=10℃），以冷凝除去水蒸气，然后再将湿空气加热到指定温度送入博物馆空间，实现温湿度的精密控制。使用恒温恒湿设备控制效果好，但设备投资较大，运行成本也比较高。

（3）去湿与加湿。由于湿度对藏品的影响一般要大于常规情况下的温度波动的影响，在难以具备恒温恒湿条件的情况下，可以考虑采用单纯的去湿和加湿设备以控制湿度。特别是去湿设备，现在一般可以预设工作启动湿度，以保证一定空间内湿度不超过预设湿度。这种方法投资较少，操作简便，但调节精度较差。

（4）微环境调湿。主要是指收藏柜和展柜内的湿度控制。在大空间环境的湿度难以精密控制的情况下，可以考虑为对温湿度敏感的藏品进行微环境的调控。传统上，使用湿度缓冲能力较大的木箱储放器物，并在晴好天气进行开箱点检的做法，是这一思路的体现。现在，使用无酸纸箱盒、木箱等仍然可以起到缓和湿度波动的作用。同时在密闭性好的储藏、展示柜中，放置调湿剂，可以提高湿度控制的效果。现在，由电子控制的无水调湿收藏展示柜也在逐步普及，提高了设备对藏品保护的安全性。

（二）防治有害生物

有害生物的防治，需要做到以下几点：

首先，做好藏品入库的检验工作。藏品入库前，必须经过严格的检验，对已经发霉和有虫害或水分含量过高的藏品不得入库，必须经过消毒、灭虫和适当干燥处理。

其次，做好清洁卫生工作。库房要经常打扫，保持室内和藏品的清洁，不要积存尘土，因为尘土是细菌、霉菌孢子和一些营养物质的携带者或传播者，故应及时清除。对害虫容易潜伏的地方，如天花板、地面、墙壁、门窗和柜架等要特别注意清扫。同时避免将食品及其残渣等留存在博物馆内吸引微生物、昆虫和鼠类。

再次，严格控制温湿度。较高的温湿度为有害生物的滋生提供了有利条件，一般博物馆藏品保存的温度不宜超过 25℃，相对湿度不宜超过 65%。

最后，药剂防治。使用化学药剂防治生物危害应该慎重，因为不少化学药剂本身就是有毒有害物质，对环境有污染作用，会危害人体健康，有的对藏品本体也有损害，如以往常用的防虫剂萘、樟脑精等，而对二氯苯会使书画、丝织品变黄。芸香、麝香、花椒等天然药材或香料可用来防虫驱虫，用黄檗汁染书，红丹纸用作装裱、包装均能起到防虫作用。而低毒的除虫菊酯和合成的拟除虫菊酯，如 0.4% 二氯苯醚菊酯的无水乙醇溶液杀虫效果较好。

常用的防霉药剂有：对硝基苯酚、麝香草酚、五氯酚及其钠盐等。

对于已经长霉生虫的藏品，多采用熏蒸的方法予以杀灭。一般要求杀虫杀菌剂对藏品无副作用，高效低毒，杀虫效率高，对人畜毒性低，渗透力强，能把虫杀死在从卵到成虫各阶段，对杀菌剂来说还要求杀菌谱广，因为藏品上的微生物种类很多。

以往常用的熏蒸剂为溴甲烷、环氧乙烷、硫酰氟等。溴甲烷对害虫的各个虫期都有良好的毒效，但作为一种神经毒剂，如果误吸入对人体也有较大损害，而且对大气臭氧层也有破坏作用。根据联合国《蒙特利尔议定书哥本哈根修正案》规定，已禁止使用。

环氧乙烷也是杀虫灭菌较为理想的熏蒸剂，它的杀菌谱广，杀虫力强，几乎所有的霉菌及其孢子、虫的卵、幼虫、蛹、成虫都能被杀死，杀菌功效好于溴甲烷。但环氧乙烷毒性较大，与空气混合有爆炸性。

有鉴于此，避免使用熏蒸剂的方法也不断得到开发应用，如 0.1% 浓度以下的脱氧窒息处理、高浓度（约 60%）的二氧化碳处理、低温（-30℃以下）冷冻处理、高温（55℃ ~ 60℃）处理等，但在处理效果和藏品的安全性等方面均需要进一步改善。

由于藏品在库房收藏过程中常常置于包装材料内，放在各种储藏柜中，在一定程度上会妨碍各种病害的及时发现。所以，对于库房的环境一方面要严加控制和监测，以维持整体环境的适宜和稳定，同时也要对藏品进行定期的点检，以及时发现问题，防微杜渐。特别是对于比较容易发生变质、虫害的纸张、纺织品、竹木器、标本等有机质藏品和受湿度影响较大的铁器、青铜器等金属藏品更要重视定期点检。

三、藏品陈列展示中的环境控制

博物馆藏品在展示过程中作为展品，除了考虑保护以外，一般还要考虑陈列展示的效果和观众的舒适度等因素。因此藏品陈列展示中的环境控制与收藏时相比有其不同之处。

例如，对于藏品合适的温湿度条件，可能对于观众而言并非舒适的条件。特别是在夏季，如果维持展厅的温度在 20℃左右，除了需要空调设备长时间运转，消耗大量电能以外，还会引起观众的不适。在这种情况下，可以根据湿度优先的原则，适当提高展厅的温度，例如维持在 25℃以下，保持湿度在 50% 左右。有条件的话，最好实现展柜与展柜外的展厅空间差异化的温湿度控制，以创造适宜的藏品保存与观众观展条件。

（一）展览中的照明控制

对于展览中的照明设置，也要考虑多种因素。既要考虑藏品保护的需要，控制展品的照度、照明设备的显色性、热效应和紫外线比例等。同时也要考虑陈列展示的效果，例如过低的照度（50Lux 以下）会使观众观展时产生不适感，可以考虑采用感应式照明，使有观众观看时展品表面的照度达到 150 ~ 200Lux。另外也可以控制对光敏感展品的展出时间以减少光线对藏品的损害。

目前博物馆使用的光源有自然光、日光灯、卤素射灯、发光二极管灯（LED）等。其中，自然光，即日光的热辐射和紫外线含量均很高，应尽量避免不加处理直接照射藏品。日光灯又称荧光灯，其热效应较小，但紫外线比例在博物馆人工光源中比较高，同时普通日光灯的显色性也较差，应避免未经滤除紫外线的日光灯直接照射展品。卤素射灯也是博物馆常用照明光源，一般热效应较大，应避免近距离照射展品。发光二极管灯是一种新型光源，它具有寿命长、发光功效高、紫外线含量低、可实现智能控制等优点，在博物馆照明中的应用日益增加。但普通发光二极管灯对于藏品的影响还需要进一步研究。

对于紫外线的防护，应尽量避免自然光直接照射藏品；对光敏感的藏品应在暗处保存，如果要展示，可限制展出时间，设法除去紫外线，使用无紫外线的光源，还可以将紫外吸收剂做成过滤片贴在双层玻璃间或制成无紫外线有机玻璃。

（二）大气污染的监测和防治

大气污染的监测，有化学比色法、自动检测仪等方法，但都比较烦琐，不太适合博物馆环境的日常监测。而一般环境监测使用的便携式检测仪，由于感度低，不适合博物馆洁净环境的监测。比较简便的是采用金属膜与腐蚀性气体产生腐蚀层，通过腐蚀产物的分析，计算污染气体的浓度范围。现在有依据此原理开发的空气污染监测仪，能连续自动记录污染气体对银、铜腐蚀数据，并进行叠加储存。一般其信息储存可长达数年。

对于博物馆环境污染的控制，首先要考虑控制其周边区域的环境污染物浓度，如在博物馆附近进行绿化，吸附污染气体和颗粒物等。

对于馆内藏品预防大气污染主要可以采取以下措施：

第一，减少与室外空气的自由流通。在防治藏品的大气污染损害方面，博物馆建筑结构是一个主要方面，如门窗的密闭性能直接影响污染气体的渗透。应尽量采用人工通风系统以实现空气的流通控制。同时展示柜等也要做到密封。

第二，安装有过滤器的空调设备。通过在新风系统加装过滤设备，能够除去 SO_2、NO_2、O_3 和粒状污染物。对于微粒的清除，可以通过黏性过滤器、织物或纤维过滤器。对于污染气体的去除，可以使用水喷雾器和活性炭过滤器。将活性炭放在容器中，安置于空气流中，可以产生很大的表面积吸收或分解通过的气体，例如 SO_2、O_3 等，对 NO_2 也有一定作用。此外，像天然沸石、分子筛等也有吸附污染气体的作用。

第三，收藏柜、展示柜内的吸附措施。在没有条件安装活性炭过滤器空调设备的场合，应当尽量避免藏品的露置而直接与周围大气接触，藏品应置于密封性好的展示柜内。大批观众的进入，会导入外界的污染空气，同时也会使室内温度升高，柜内和柜周围温度的差异会产生空气对流，增加污染空气进入柜内的可能，可以在柜内放置活性炭等吸附污染气体。

四、藏品运输时的环境控制

藏品运输时的环境控制容易被忽视。随着博物馆各类临展、特展的增加，藏品的长途运输也日益频繁。由于不少博物馆藏品历经悠久的岁月，本身已经比较脆弱，而运输途中环境的改变，可能会破坏原有的温湿度平衡。到达目的地时又要面临新的环境。因此，在运输途中，尽量维持原有的保存环境条件，实现保存、展示场所环境平稳过渡，显得十分重要。

在藏品的运输过程中，出于安全性的考虑，一般会对藏品进行重新包装固定并装箱。在运输容器中的环境，与博物馆内储藏、展示的环境条件会有很大的不同，特别是容易在短时间内，外部的温湿度、气压等发生剧烈的变化，这些外部的变化，会由于包装材料、容器的材料不同，或快或慢地传递到藏品上。同时，在包装容器内，由于包装与填充材料会占据大部分空间，使其中的空气量非常少，会对内部环境的变动与调节产生很大影响。当然，在运输过程中，藏品的防震也是要重点考虑的。

对于运输途中藏品的环境控制，要做到环境的有效监测。一般可以使用数字式温湿度记录仪等自动记录设备，对藏品运输过程中的环境进行监测。如果配备发射装置，还可以实现远程监测。对相关数据进行分析，可以及早规避环境的极端变动对藏品的损害，并为制订到达目的地以后的环境适应方案和包装材料、方式的改进提供依据。

在运输途中的温湿度控制方面，要提高箱子的密封性，也可以将藏品用铝箔等材料包裹，加以密封。同时，包装材料的隔热性也是考虑因素之一。特别是在空运时，使用隔热性好的材料，可以减轻外界剧烈的温度变化对于藏品的影响，防止冷凝现象的发生。到达目的地以后，还要设定一天左右的调养时间以适应新环境，再开箱清点。

在必要的时候，还可以在包装箱内放置调湿剂以减缓内部的湿度波动，尤其是在海上运输或是长时间放置于包装箱时。

藏品的防震，在包装、装箱时就要充分考虑。这也是藏品运输安全的基本要求。在使用汽车进行长途运输时，为了避免路途颠簸造成的意外，还可以采取在车内设置防震台等方式。

第三节　藏品研究对博物馆发展的意义

博物馆既是各类藏品的主要收藏机构，也具有作为科学研究机构和社会教育的职能。为了更好地实现博物馆科学研究和社会教育的功用，就必须对藏品进行研究。只有对博物馆藏品展开全面深入的调查研究，才能更好地收藏和利用藏品，发现蕴含其中的历史信息，挖掘隐藏在它背后的丰富科学内涵，揭示其所具有的艺术价值，进而为博物馆的陈列展览和社会教育活动提供丰富的材料和科学的依据。建立在藏品基础上的科学研究，是沟通社会公众与自然及人类社会历史文化的桥梁，也是博物馆其他业务工作的基础。

单纯地注重藏品的收集和保管，对藏品本身蕴含的历史文化信息和科研价值认识不够，忽略馆藏文物与地方历史文化发展的研究，不利于博物馆健康发展。加强博物馆藏品研究工作，将对博物馆的发展起到至关重要的作用。

一、藏品研究有利于博物馆藏品征集、收藏和保管水平的提升

博物馆一项很重要的职能就是保管和充实各类藏品。通过可移动文物普查工作，各博物馆基本摸清了文物家底，完成了文物清点、定名、测量、拍照等一系列工作，建立起文物实物、藏品档案、电子信息关联一体的"文物身份证"编码和数据管理系统，对于博物馆的建设和发展具有重要意义。对于藏品，被动式地完成普查工作所需项目，并不能完全体现藏品本身的价值，加强藏品的研究力度，加深对藏品的认知程度，才能使得博物馆在藏品征集、收藏和保管工作中取得更好效果。

加强藏品年代与类型研究，能够更好地指导博物馆征集、收藏工作。各馆立足自身的办馆理念，通过对现有藏品的类型研究，可以全面了解本馆藏品在时间上和类型上的优势与劣势，藏品体系的缺失和薄弱环节、藏品的重复率等，这将对博物馆有目的地不断补充文物或标本起到指导性作用。

加强藏品的性质研究，对藏品物理、化学属性等方面的了解，增强对藏品的整体认识，完善藏品的分类管理，建立合理的保管制度，将会全方位地提升博物馆藏品保管水平，更好地实现博物馆保管职能。通过对不同藏品性质的认知，有助于根据不同藏品需要，选取适宜的保存设备及保管手段，对保存藏品的环境有所掌控。对于湿度、温度、光照的调节，对于不同质地文物的建议修复手段的掌握，选取最佳方案延长藏品的寿命，更好地保管藏品。

二、藏品研究有利于提升博物馆展陈、宣教职能

陈列是博物馆实现其社会功能的主要方式，是博物馆特有的语言。陈列是将文物标本作为基础，配合适当辅助展品，按照一定的主题、序列和艺术形式组合成的，进行直观教育、传播文化科学信息和提供审美欣赏的展品群体。博物馆在进行展陈时，往往会根据本馆自身特点、总体研究与设计工作来进行区分，选取一种陈列内容，进而选定陈列的类型。加强藏品研究工作，将有助于选取出最具代表性的藏品，使陈列更加合理，特点更加鲜明，主题更加突出；有助于更好地设计灯光、展台等辅助性设施，突出藏品本身价值；有助于辅助展品和拓展类展板的设计与选择，充实陈列内容。

群众教育与服务是博物馆的主要社会职能之一。当代博物馆事业的发展，其中重要的一个方面是博物馆教育观念的更新和教育活动的创新。陈列讲解是博物馆辅助观众参观的重要手段，可以帮助观众对展品和陈列加深理解，掌握重点，还可以使那些无目的游览的观众，通过讲解增加参观兴趣，开阔视野，得到更多的收获。博物馆观众是一个庞大而博杂的人群，由不同年龄、职业、文化程度、兴趣爱好……的人们所构成，来到博物馆的目的亦不尽相同。加强藏品研究，充实讲解传达信息的深度和广度，对于提升陈列讲解的水平，尽可能满足不同受众的需求将有着重要帮助。

加强藏品研究，特别是了解藏品在特定历史阶段所代表的社会生产力水平和制作工艺，在地方历史文化发展脉络中的地位以及藏品自身所传达的历史文化信息，将对陈列讲解词的撰写提供重要依据。同样对于一件藏品所含有的历史、科学、艺术价值研究越加深入，在陈列讲解中所蕴含的知识点越多，知识面越广，才能够更好地满足不同受众的参观需求。如果缺乏对于藏品的深入研究，则可能会出现无法解答观众问题的情况，甚至可能造成错误信息的传播，极大影响博物

馆的陈列讲解的效果。陈列讲解的时间是有限的，通过对于藏品的深入研究，突出讲解信息侧重点，将会使得整个陈列讲解工作更加出色。

三、藏品研究有利于文创产品研发和博物馆形象的提升

文创产品的研发工作，对于很多馆来说是很棘手的问题。各地区拥有种类繁多、各具特色的博物馆，如何研发文创产品，将各自的博物馆形象更好地宣传出去，在市场经济环境下更好地发展，将是博物馆发展将要面临的一个问题。文创产品的开发与设计，大多立足于本馆藏品或相关历史脉络，选取最具代表性藏品就需要充分发掘藏品背后蕴含的信息，加强藏品研究工作应该成为更好进行文创研发的重点工作之一。通过对现有藏品的研究，对藏品进行全面的梳理，着重挑选特色明显、地域性强、艺术价值高的藏品，作为文创产品的原型，就是一条可以尝试的道路。

四、藏品研究有利于人才培养

基层博物馆在发展中面临的一个重要问题就是专业性人才的缺失，《国务院关于进一步加强文物工作的指导意见》中也着重提出了人才培养问题，"加快文博领军人才、科技人才、技能人才、复合型管理人才培养。"解决专业人才的缺失，一方面应着力引入文物、博物馆专业毕业生，另一方面则可以挑选适当的在职人员，通过加强藏品研究，提升专业水平和科研能力。藏品的研究往往需要涉及大量的历史、文物知识，藏品的研究也是对地方历史的研究，是对社会生产力和生产水平的研究，更是对于文明发展的研究。通过藏品研究过程，掌握科研方法与手段，提升博物馆科研能力对博物馆的发展有着决定性的作用。通过藏品研究，培养本土、本馆具有过硬专业知识和业务水平的科研人员，为博物馆未来的发展积极建言献策，将有利于新时期博物馆事业更快更好地发展。

综上所述，将博物馆藏品的研究工作扎实开展，培养一批有科研能力的专业人才，组建博物馆科研队伍都不是一朝一夕的事情。认识科研工作的重要性并给予足够的重视，是博物馆发展的必经道路。

第四节　博物馆藏品研究的内容与方法

一、藏品研究的内容及其特征

博物馆藏品研究的许多工作都是随着藏品资料化的过程完成的，在这个过程中充分地体现了藏品研究专业、细致、通俗易懂及具有较强可操作性等特点。实际上，从藏品的征集开始到随后的入藏及管理流程，许多环节都包含着具体的藏品研究工作。如在藏品的征集过程中，遇到真假莫辨或时代等相关信息不明的文物标本，征集人员就必须通过开展研究活动为收藏决策提供依据。其实，这是一件相当复杂的专业性工作，它不仅需要深厚的学术造诣，而且还需要丰富的实践经验。具体操作过程中所做的判断和推理并不像其他学者那样用论文的形式表现出来，而是蕴含在具体的实践操作过程中。成果的体现往往就是对藏品相关信息的判定和评述，表现为藏品资料中说明藏品时代的记述或鉴定意见中言简意赅的定性文字。在藏品的编目过程中，也涉及对藏品价值的判断，即要对藏品的历史价值、科学价值和艺术价值做出科学的评估。如前所述，在藏品编目卡的叙述项中，就需要对藏品做出科学的评价。在有限的空间内，要用简练、明确的语言概括藏品的本质，揭示其承载的信息，对其进行客观合理的评价，难度颇高。不仅是对藏品研究者学术修养的一个考验，也是对其文字能力的一个挑战。因此，博物馆的藏品研究是伴随着与藏品相关的各个环节展开的，是一项涉及面广、专业性强的科学研究工作。

博物馆的藏品研究不是单纯的实物研究，而是通过物质表象探究其所反映的自然、社会生活本质的研究。从信息论的角度来看，藏品研究的实质就是一个将信息载体与信息分离的过程。面对一件藏品，通过研究，应当揭示其所蕴含的丰富的历史、科学和艺术信息。如通过对某件藏品的研究，应当了解该藏品制作的动机、材料和工艺等，并且探究其使用价值和内在价值；如果是考古发掘品，还要研究它的作用及与其他藏品的关系等；如果是传世藏品，则需要搞清它背后隐藏的经历、收藏者的信息等。这种具体琐细的个案研究是藏品研究的基础，但它们具有较强的个性，不具有共性。因此，仅凭这些个体的、孤立的个案研究无法全面揭示其背后隐藏的与自然、社会之间的关系，更无法体现其变化和发展的趋势。所以，博物馆还应重视对藏品系统的、综合的和比较学方面的研究，对同类藏品可以进行系统综合的研究，揭示其反映的政治、经济、文化等各方面的信息，探究其与自然和社会发展的互动关系，勾画出其历史发展变化的轨迹；对不同类型、不同地域、不同时代的藏品还可以进行比较研究，总结发现其各自的特点。总之，博物馆的藏品研究应当将个案研究和系统研究相结合，力求揭示藏品所蕴含的一切信息，通过藏品探究其反映的自然和社会的本质，更好地发挥藏品价值，实现博物馆的社会职能。

博物馆是一个人才密集的机构，藏品研究者不仅包括馆内各方面的专家学者，而且许多工作人员在长期的实践和学习中也积累了丰富的经验，形成了独具特色的研究专长，他们都是藏品研究的重要力量。但由于藏品研究涉及面广，而且随着研究的不断深入，要取得突破性的成果，特别是在系统研究和比较研究领域，往往是比较困难的。因此，只有通过团队合作、依靠集体的智慧才能完成。这不仅需要博物馆内部相关研究人员的合作，而且还需要馆外相关科研机构和专家学者的密切配合。与馆外科研机构和专家学者的合作，既包括利用馆外机构和学者们所掌握的研究资源，全面系统地搜集藏品研究的成果，不断充实博物馆的科学研究，为深入开展藏品研究奠定资料基础，创造良好的软硬件环境；又可以直接邀请馆外的专家学者进行合作研究，使他们成为博物馆藏品研究的参与者，实现各种资源的共享。藏品研究所取得的重要研究成果，可以以论著的形式发表，与国内外博物馆藏品研究者开展学术交流，促进博物馆学术水平的提高；也可以直接应用于博物馆的藏品鉴定、陈列展览、社会教育等各项业务工作中，以提高博物馆的服务质量和工作水平。总而言之，博物馆的藏品研究不仅有助于扩大和深化博物馆科学研究的成果，而且有利于强化博物馆作为藏品信息中心和科学研究机构的形象，提高其学术质量和知名度。

二、藏品研究的方法及要求

藏品研究是以藏品为媒介进行的，虽然博物馆的藏品种类繁多，但绝大多数都属于实物藏品。因此，藏品研究的主体就是实物研究。一方面，它具有与文献研究或实验等研究不同的独具特色的研究方法；另一方面，各类藏品都有自己的学科归属，在研究过程中它们也要受到各自学科研究方法的制约。所以，博物馆的藏品研究人员在其研究过程中，应该同时考虑藏品作为实物研究的方法和各自的学科特点。

（一）注意实物研究和文献研究相结合

以藏品为主体的实物研究与以文献为主体的文献研究，虽然在研究方法上有各自的特点，但在学术发展和具体操作过程中是紧密结合、相互补充的。特别是在涉及历史学、考古学、民俗学、人类学等学科的藏品研究中，文献资料和实物资料都是必不可少的资料来源，两者相辅相成、互为印证。没有相应的文献资料，缺乏对背景及其变化的了解，要充分深入地研究实物就非常困难，所以实物研究必须结合文献资料，把实物放到由文献研究揭示的历史背景中去考察。同样，文献资料由于实物的发现和研究而被赋予了某种实证的色彩，不但可以使两者互为印证，更可以增强文献资料的说服力和可信度。如同历史研究有了考古学的加盟，就极大地丰富了实物史料，使历史研究的深度和广度都获得了突破性的进展。例如，甲骨文的发现、秦俑的出土、海底沉船的打捞和古文化遗址与古墓的发掘，都使我们对中国古代文明的起源、物质文明的发展和人类历史生活的了解变得更加形象生动、真切具体。

同样地，许多重要的考古发现也需要依靠文献材料的指导与印证，如依据文献记载我们得以发掘许多尘封地下或海底的历史遗迹，历史文献中关于丧葬礼仪的记述对古代墓葬的考古发掘具有一定的指导作用等。不但要重视实物资料与文献资料的结合，还应该对用于研究的实物资料和文献资料的选取给予充分的重视。既要选择反映统治阶层社会生活的各类资料，还要注意使用反映普通民众生产和生活的各种文献和实物资料。至于人类学和民俗学，则是实物性更强的研究领域，实物资料占据着更加重要的地位。总之，藏品研究需要注意将实物研究与文献研究相结合。

（二）注意将实物研究和理论研究相结合

藏品研究还应当注意将实物研究与理论研究相结合。通常我们认为，正确的结论应该来自对实物认真、细致的观察与考证，理论是实物研究的结果，只要我们对实物进行科学的研究就能够得到真理。而事实上，任何一位研究者都不可能从一种真正的空白状态开始其研究工作，在他着手观察实物之前，其认知结构中关于实物对象的知识和理论已经开始起作用，并由此构成他观察中对所需信息进行选择、判断的依据。我们应当承认直接经验对人类的知识是第一性的，但对于从事藏品研究的专家学者而言，通过学习获得的间接知识即他们在学习和研究中形成的知识及理论，才是其从事藏品研究工作的基础。因此，他们进行的所谓科学的观察工作，其实也是从他们知识结构中某个相关理论的角度展开的。因此，实物研究和理论形成的关系，并不是在观察实物的基础上进行归纳和抽象，最后上升为总结性的理论。相反，研究者必定先根据某种理论假设来决定其观察的目的和方法，所以，观察的结果不可避免地受到理论前提的干扰。但观察也有其自身的主动性，观察的结果可能印证和支持理论，也可能修正甚至证伪理论。正是这种从理论开始进行观察实践，再由观察结果证明或证伪理论假说的模式，构成了以藏品为主体的实物性研究的工作程序。综上所述，从事博物馆藏品研究的研究者必须经过良好的专业训练，具备广博的知识和深厚的科学理论素养。

其实，关于博物馆藏品研究与理论研究之间的关系，博物馆学界曾进行过有益的讨论。特别是日本博物馆学界，他们通过对大学的研究工作和博物馆研究工作的对比发现，大学的研究主要是在搜集和研究资料的基础上，用一种创造性的思维，通过归纳总结的方法制定理论假说。所以，它总是新鲜的、归纳的、质的和创造性的，具有一种指导者或是开拓者的地位；而博物馆的研究则是从这些理论假说出发去研究那些具体的直接实物材料，同时反过来印证或者补充理论假说和规律。也就是说，博物馆进行藏品研究的方法是已知的、现存的，其研究特色则是演绎的、量的、技术的，这个观点说明，归纳的、理论性的研究使大学成为规律的生产者，而博物馆则利用这些规律从事具体的、个别的、演绎性的研究，使它成为规律的消费者。

（三）注重实验方法的运用

藏品研究有时也可以通过实验的方法来进行。藏品研究工作者可以设计各种实验，由此获得研究所需的资料和数据等。如设计复原制作工艺的实验，可以通过我们对某些藏品的重新制作过程，大大加深研究者对藏品制造材料及工艺的了解，并由此扩大对制造者及当时的社会生活状况的进一步认识。

（四）要求研究者具有广博性和先进性的知识结构

藏品研究是以博物馆藏品为研究对象展开的，由于博物馆藏品数量丰富、品种多样，涉及的学科领域广泛，因此，博物馆藏品研究具有学科综合的特点。这就要求藏品研究者的知识结构应具有广博性和先进性。广博性不是要求研究者对所有藏品的相关学科都有深入的研究，而只是要求对所研究的藏品及其涉及的相关学科有较为深入的了解。正因为研究者都有自己的研究专长，所以，博物馆藏品研究需要进行团队合作、取长补短，需要众多方面专家集思广益、共同努力。同时，博物馆藏品研究者除了知识的广博性外，还应当保持对自己的研究方向及其相关学科发展的关注，关注学术前沿，注意知识的更新，在研究过程中应当尽量体现知识和技术的先进性。

总之，藏品研究是博物馆的基础性业务工作，是一个深入挖掘藏品蕴含的重要历史、科学、艺术信息的过程，是一种体现博物馆科学研究性质的学术活动。它在长期的探索和实践中，以博物馆实物藏品为媒介，把探究藏品的内在价值作为主要研究内容，总结出了一套行之有效的科学研究方法，也取得了丰硕的研究成果。通过开展博物馆的藏品研究，不仅丰富和深化了人们对藏品所反映的自然和社会政治、经济、文化等方面知识的认知，促进了科学事业的发展，而且为博物馆实现高水平的陈列展览和社会教育奠定了基础，提供了必要的条件。

第三章　档案管理理论与业务流程

如今，我们身处知识经济时代，经济迅猛增长、科技飞速发展、社会不断进步，这一时期，信息繁杂、来源广泛，怎么运用高效率的手段来收集、处理以及整合信息在档案管理中显得越来越重要，这也是我国档案事业发展的核心问题。本章以档案管理的基本理论为切入，探讨档案管理的业务流程，主要涉及档案收集、整理与鉴定；档案登记统计与检索；档案编研、保管与利用。

第一节　档案管理的基本理论

一、档案认知

（一）档案的形成条件及形式划分

档案来源于单位或个人，是人们在社会活动中形成的，其形成单位极其广泛。档案的形成者来自两个方面：一是机关、团体、企事业单位等；二是个人、家庭和家族。

　　档案是社会上各行各业、各个单位及个人在社会活动中的产物，从而决定了档案来源的广泛性。同时，这些形成档案的特定单位有着相对的稳定性。只要某个单位继续存在，那么相关的档案就会连绵不断地形成和积累，从而决定了档案来源有着一定的连续性和稳定性。另外，各单位每一方面工作、每次会议、每项科学技术活动等，必然会产生相关的文字记录，这些多样化的社会活动决定了档案内容的丰富性与联系性。所以，档案来自单位，形成于特定的社会活动中。档案的来源广泛、内容丰富，同一来源的档案内容之间有着内在的联系，在档案管理中必须尊重和维护这种联系，从而有效地发挥档案的作用。

　　1. 档案形成的条件

　　各单位或个人在自身活动中，为了相互交往和记录事务，总要产生和使用许多文件材料，由于工作的持续性和事业的发展，便有意识地将一部分文件留存下来以备查考，但并不是所有的文件都需要和可能实现这个转化。文件转化为档案一般需要具备一定条件，即必须是办理完毕的文件；必须是对日后具有一定查考和保存价值的文件；必须是按照一定规律整理完毕的文件。可见，档案和文件既有联系又有区别，档案是由各种文件材料转化而来的。

　　2. 档案形式的划分

　　档案的形式包括档案的载体形式，档案的文种名称和档案内容的记录方式等。我国档案载体形式，古代有龟甲兽骨、青铜钟鼎、竹木板片、金册铁券、缣帛、纸张等，现代有胶片、磁带、磁盘等；档案的文种名称，有诏、谕、题本、奏折、咨呈、照会、电报、命令、通知、条约、协议、计划、报表、会议记录、手稿、日记等形式；档案内容的记录方式，有手写、刀刻、印刷、晒制、摄影、录音、录像等。档案的形态还会随着社会的发展而不断变化和更新。

（二）档案的本质属性

　　档案是原始的历史记录，这是档案的本质属性。档案是由形成者在各自的活动过程中直接形成的，即档案是由特定的形成者在当时当地为适应活动需要而直接形成的原始文件的转化物，所以，档案具有很强的原始性。同时，档案又是以具体内容反映形成机关或人物社会活动的历史记录，所以，档案具有很强的记录性。正是这种兼原始性和记录性于一体的特点，成为档案区别于图书、资料等其他文献资料的独有特性和根本标志。

作为人们社会实践活动原始的历史记录，档案具有最权威的真实性、可靠性。但不是说档案所记载的内容都是真实的，必须辩证地看待档案的可靠性问题。一方面，从档案文件的形成本身来看，档案都是真实的历史记录，即使档案内容没有真实描述某一客观事实，但文件的形成过程是真实的，即使某份文件是伪造的，这份文件本质上也就成为伪造者的伪造活动的真实记录；另一方面，从档案的内容来看，即使档案内容有虚假部分以至完全违背事实，它表达了当事人的意图，留下了当事人行为的痕迹，其档案本身也说明了某种历史事实，即成为伪造者自身行为的一种证据。对于研究伪造行为的背景和意图，对于认识和揭示某种社会历史现象，有时也是颇有利用价值的。

（三）档案的特性

1. 广泛性

档案是国家机构、社会组织和个人在各项活动中直接形成的，从某个角度来说，人们整个生命活动就是处于信息的生成、利用的循环过程之中。档案对这些信息进行了承载，它伴随着人们生命的开始而开始，并贯穿于人们的整个生命活动之中。档案的形成主体几乎包含了社会活动的所有主体，也正是因为这样，所以档案具有来源广泛的特点，同时也使档案内容具有丰富性，档案事务具有社会性。

2. 原始性

原始性是指档案的历史记录性，是档案的本质属性。档案是根据某一原始材料直接转化形成的，不存在事前编纂、事后编写的情况。众所周知，档案是信息载体的其中一种，信息还有许多载体，如图书、情报、资料等。虽然信息载体众多，但是却不是所有的都能被视为档案。这是由档案自身的特点决定的。人们的各种实践活动、社会生活都是档案生成的源泉，它客观、直接地记录了活动主体的活动历史，是"第一手资料"，这就决定了档案具有原始性、真实性，也从而使档案具有了证据作用以及依据作用。

3. 多样性

历史是不断发展的，社会也在随之进步，档案的形式也经历了多种变化，这种变化主要是因为记录信息的方式和载体发生了变化。从记录信息的方式来看，经历了刀刻、手写、录音、摄影、录像等的变化；从记录信息的载体来看，经历了甲骨、金石、青铜、竹简、缣帛、纸张、磁带、胶片、光盘等的变化。此外，表达方式的变化也决定了图书档案形式的多样性，如文字、图像、声音等。

4. 条件性

档案在成为档案之前，首先是文件。但并不是所有的文件都可以成为档案，这之间的转化必须有特定的条件支撑才足以完成。首先，要转化成档案的文件必须是已经处理完的，正在处理的文件材料不能算是档案材料，只有当一份文件已经完成了传达和记录的使命，它才具有参考的作用，也才可以转化成档案。其次，文件要转化成档案必须具有保存利用价值。不是所有处理完毕的文件都可以形成档案，必须对其进行筛选。保留其中对今后工作或者科学研究有参考、利用价值的，这样的才可以转化成档案。可见，档案是文件筛选过后留下的精髓。最后，档案必须是整理过后形成的有序的、完整的图书文件材料。换言之，必须将文件材料按照一定的方法有机地进行整理，才能使其成为有意义的档案。

（四）档案的价值及实现

1. 档案价值的体现

"档案的价值指的就是档案的使用价值，是档案能够满足社会需求的表现。[1]"档案的价值一般体现在以下方面：

（1）档案的凭证价值。档案的凭证价值是指档案作为证据作用的价值。档案的凭证价值与其原始性密切相关。档案之所以具有凭证价值，是由档案形成规律和档案自身的特点所决定的。从档案形成过程及其结果上看，档案是从社会实践中诞生的，是被直接记录的，而不是在事后或者需要的时候编纂的、捏造的，因而具有客观性、真实性，足以令人信服。从档案本身的物体形态上看，文件上保留着真切的历史标记：当事人的亲笔签署或者批示，机关或个人印信，原来形象的照片、录像和原声的录音等。这些就成为日后查考、研究、争辩和处理问题的依据。

（2）档案的参考价值。档案的参考价值是指档案作为借鉴作用的价值。档案的参考价值与其记录性息息相关。档案不仅记录了历史活动的事实和经过，而且记录了人们在各种活动中的思想发展。档案中有成功的经验和失败的教训，有思

---

① 贾晓明. 浅谈档案的价值与作用 [J]. 兰台世界，2012（z4）：20.

想观点和实验观察数据，有社会的变革和生产的发展，这些都可以为后来的人们提供借鉴，使人们在工作和学习中能快速地达到目的。

2. 档案价值实现的规律

档案价值的实现，有一定的规律，具体有以下方面：

（1）作用范围的递增性。档案对机关的作用一般称为档案的第一价值，对社会的作用则称为档案的第二价值。档案形成以后，在相当长时期内是作为机关、企业、事业等单位的工作活动必不可少的查考依据，档案发挥作用的对象和范围主要是档案形成者自身。这一阶段，档案的利用频率往往比较高，是发挥档案现实作用的重要时期。我国为数众多的档案室，是实现档案第一价值，并为实现档案第二价值奠定基础的重要场所。档案的第一价值实现到一定的程度后，形成机关对这些档案利用的现实需要会逐渐淡化。档案在本单位保管若干年后，其作用便冲破原有的形成单位而扩展到国家和社会，过渡到第二价值。

（2）机密程度的递减性。档案随着人类社会活动而产生，人们的某些活动，涉及国家或个人的利益、安全及隐私，在一定时期或范围内不能公开，档案是有一定的机密性的。档案的机密性要求将档案的阅读和了解控制在一定的时间或范围内。档案的机密程度在确定之后并非一成不变的，从总体上讲，随着时间的推移，档案的机密程度将会越来越小，档案的保管时间与机密程度成反比，机密程度呈现递减趋势。

（3）作用的转移性。档案在行政领域内发挥的作用称为行政作用，在科学文化领域内发挥的作用称为科学文化作用。随着时间的推移，档案的行政作用会不断减弱而科学文化作用会不断增强。就宏观的档案领域而言，档案行政作用和科学文化作用一直是同时存在的。但从微观的特定部分的档案来看，这两种作用并非始终均衡地存在。档案的前身文件是以处理现行事务为目的的，文件转化为档案之初，档案主要面向立档单位服务并主要作为查考凭据和业务活动的参考依据而指导工作、参与管理，发挥行政作用。随着时间的推移，保存时间较长的档案与现行事务的联系越来越少，档案发挥作用的范围和主要方面都会逐渐发生变化，其作用范围会逐渐扩大到面向社会，由主要工作的查考凭据和业务活动的参考依据逐渐转变到主要作为科学研究的可靠资料和宣传教育的生动素材，从而使档案的科学文化作用跃居首位。

（4）发挥作用的条件性。档案价值的实现，受到一定的环境和条件的制约和影响。影响档案价值实现的环境主要有两个方面：一是社会政治环境，主要包括社会制度、法律法规等环境；二是社会经济文化环境，包括国家和地区的经济和文化的发展水平。一般经济文化发达地区社会文明程度较高，档案事业就比较先进，社会档案意识就高，社会对档案的利用要求较多。三是档案工作内部环境，包括档案管理水平、档案学理论研究水平、档案工作者素质等。所有这些都在一定程度上影响着档案价值的发挥。

二、档案管理工作的性质与特点

档案管理工作，是用科学的原则和方法管理档案，提供档案为各项社会实践服务的一项工作。其基本任务是科学地管理好有价值的档案，以满足社会对档案的利用需要。

（一）档案管理工作的基本性质

在宏观上，档案管理工作是国家科学文化事业体系的组成部分。档案因其原始记录性而具有存史、鉴古、资政等重要的功能，是构成国家记忆、社会记忆、民族记忆不可或缺的重要信息源。档案管理工作须收集、保管和整理档案，承担起记录历史、珍藏记忆、传承文化的社会重任。

在微观上，档案管理工作是机关、团体各项管理工作的组成部分，具有辅助管理的性质。如会计档案管理是财务管理工作的组成部分，科技档案管理是生产管理、技术管理和科研管理的重要组成部分。

此外，档案作为一种原始文献，蕴藏了大量的原始信息，这使档案和档案工作成为文献信息管理系统的重要组成部分。随着档案管理工作的发展，档案开放程度的扩大，社会对档案需求的提高，档案管理工作的重心逐步从保管好档案实体向档案信息的开发利用方向发展。

（二）档案管理工作的主要特点

由于档案的原始记录性，使得档案管理区别于图书、资料等其他文献的管理工作，呈现出如下特点：

首先，档案资源积累的缓慢性。档案是随着人们实践活动的开展而逐步积累起来的，它不可能像图书资料那样大量印刷和广泛发行。档案大多是"孤本"，不能随意复制，尤其是历史档案，能够流传至今的很少。因此，档案资源的积累是比较缓慢的，档案与一般的图书资料相比，更显珍贵。这使档案的保管和保护受到高度重视，而无形中降低了它的利用率。

其次，档案管理过程的阶段性。档案管理在中国分为两个阶段：档案室阶段和档案馆阶段。处于不同阶段的档案具有不同的价值，档案的管理方式以及服务对象也由此有所不同。在档案室阶段，档案主要为其形成单位控制和使用，为本单位的日常工作提供凭证和参考，具有中间过渡性；在档案馆阶段，档案对其形成者的作用降低，而社会价值增加，进入永久保存期。档案馆阶段的档案管理工作不仅需要保管好档案，而且要积极提供档案为社会各界服务。

再次，档案管理活动对档案形成者的依附性。档案是在其形成者活动过程中产生的，反映了形成者的全部历史及其观点、经验和成果，包含了与其形成者利益密切相关的事实和数据。因此，档案与其形成者是不可分的，其价值与它的形成者有密切联系。档案对形成者的依附性，使得档案难以像图书、资料那样广为传递和交流，这在某种程度上限制了档案管理活动的范围。

最后，档案管理工作对社会的相对封闭性。档案直接关系到其形成者的切身利益，并且有相当一部分档案涉及国家的政治、军事、经济与技术秘密。所以，档案自形成之日起，对外有相当长一段时间的封闭期，过了这段封闭期以后，才能有选择地向社会开放。档案管理的封闭性和图书资料所追求的时效性形成了鲜明的对比。档案管理的封闭性造成了档案保管和利用的矛盾，这种矛盾贯穿于档案管理的整个过程，并推动档案管理工作不断向前发展。

三、档案管理工作的内容及范围

（一）档案管理工作的基本内容

档案管理工作的基本内容一般包括以下 8 项：收集、整理、鉴定、保管、统计、检索、编纂和利用工作。其中，档案的收集、整理、鉴定、保管和统计工作是档案管理的基础业务工作，主要是针对档案实体的管理，对档案实体进行有序组织、排列和统计，建立数量充足、种类齐全、载体多样的馆藏体系，为档案的利用服务奠定档案资源基础；档案的检索、编纂和利用工作是在档案实体管理的基础上，对档案信息进行的组织、加工和提供利用，属于档案信息管理工作，主要目的是提供档案为社会利用需求服务。随着档案管理现代化的发展和档案利用工作的加强，档案编目检索工作和档案编纂工作逐渐成为相对独立的档案业务工作，这使档案管理工作的内容结构发生了变化。

（二）档案的不同类型及管理工作的范围

现代档案数量众多，种类复杂，不同种类的档案构成了档案管理的不同方面。

1.按照档案的不同内容划分

按照档案的不同内容，可分为普通档案管理和专门档案管理。

普通档案通常是指文书档案，是各级机关、团体、企事业单位在日常活动中形成的事务性材料，包括党务档案、国家政务档案、机关事务档案等；专门档案是在一定的专业领域和专门业务活动中形成的、反映特定的业务活动内容的专用文件材料。专门档案种类繁多，包括科技档案、人事档案、会计档案、教学档案、司法档案、艺术档案、外交档案等。

普通档案具有与专门档案不同的特点。普通档案是党和国家各级机构在日常事务性管理活动中形成的文书材料，有通用的公文规格和格式，有固定的文件处理程序，来源广泛，内容丰富，是目前各级综合性档案馆馆藏的主要部分；专门档案具有特有的形成规律，在形式上有其特殊性，它不经过机关收发文登记，每一类专门档案有比较特殊的文件形式和特定的格式，如图纸、报表、账簿、试题卷等。同一类专门档案来源较窄，一般在一个专业主管单位集中形成，内容比较单一，同类文件数量较多。每一种专门档案都有自己的特点，因此，在管理上要采取不同的方法。

2.按档案的载体形式划分

按档案的载体形式，分为纸质档案管理和特殊载体档案管理。

纸质档案以文字为表述形式，以纸张为载体，目前在国家全部档案中占绝大多数；特殊载体的档案是记录在非纸质载体（如磁性载体或其他化学合成材料）上，以图像、声音等非文字手段为表述形式的特殊形式的档案，包括声像档案、缩微档案、电子档案等。

特殊载体的档案在制成材料以及信息存储方式等方面都不同于普通的纸质档案，因此，在保管条件和保管方法上具有特殊性。

3. 按档案的性质划分

按档案的性质，分为公共档案管理和私人档案管理。

公共档案是指政府机关（或公共管理机关）在行政（或公共）事务管理中形成的档案，公共档案是属于社会的公共财产，由各级公共档案馆收藏，并向社会公众提供服务。

私人档案主要是指私人企业、教会、私立大学、私人家族和个人在其活动中形成的档案。私人档案一般归私人（法人或自然人）所有，不向公众开放。由于私人档案中有不少具有重要的历史文化价值，因此，很多国家通过立法等形式对私人档案的管理采取了国家干预。我国档案法虽然没有规定私人档案的概念，但确认了档案的不同所有权形式，规定属于国家所有的档案，要按照规定向国家档案馆移交；集体所有和个人所有的对国家和社会具有保存价值的或者应当保密的档案，档案所有者应当妥善保管。

4. 按照档案形成时期的不同

按照档案形成时期的不同，可分为古代档案、近代档案和现代档案管理。

在我国，古代档案是指 1840 年以前形成的档案。从 1840 年到 1949 年中华人民共和国成立之前形成的档案，称为近代档案。中华人民共和国成立以后形成的档案，称为现代档案。其中，古代档案和近代档案又可统称为历史档案。

综上所述，由于档案种类和类型的多样性，档案管理的范围非常广泛。不同类型的档案具有不同的形成规律和特点，需要采用不同的方法，由此形成了档案管理的各个专门领域，如文书档案管理、科技档案管理、人事档案管理、会计档案管理、教学档案管理等。

四、档案管理工作应遵循的原则

（一）统一领导、分级管理国家全部档案的原则

统一领导、分级管理国家全部档案，这是我国档案工作的组织原则和管理体制。其基本内容可概括为如下三个方面。

（1）国家全部档案由各级、各类档案保管机构集中保存。根据我国档案法的规定，对于国家所有、集体所有和个人所有的档案，采取不同的管理办法。国家机关、国有企业及企事业单位形成的档案，必须按照规定定期向本单位档案机构

或者档案工作人员移交，集中统一管理，任何人不得据为己有。国家机关或专业系统的档案需要长久保存的，应按照规定向各级综合性档案馆或专业性档案馆移交。集体和个人所有的对国家和社会具有保存价值的或者应当保密的档案，档案所有者应妥善保管。档案所有者可以向国家档案馆寄存或出卖。

（2）全国档案工作，由各级国家档案行政管理机关统一、分级、分专业地进行管理。

统一管理，是指国家行政管理机关主管全国的档案工作，对全国档案工作实行全面规划和统筹安排，制定档案法规和标准，提出统一的档案事业发展方针政策，进行档案业务指导和监督。

分级管理，是指县级以上各级人民政府的档案行政管理机关主管本行政区域内的档案工作，按照国家规定并结合本地区的实际情况，制定本地区的档案工作规划和制度，并对本地区内的机关、团体、企事业单位和其他组织的档案工作实行指导和监督。

分专业管理，是指中央各专业主管机关在国家档案行政管理机关的指导下，针对本专业系统的特点，制定本专业系统档案工作的规划和制度，对本专业系统内的档案工作进行指导和监督。

（二）维护档案完整与安全的原则

维护档案的完整与安全，是档案管理工作的基本要求。只有保证档案的完整与安全，才能维护历史的真实原貌，为档案工作提供必要的物质基础。

（1）维护档案的完整。

档案的完整性包括两方面的含义：档案数量的齐全完整和档案整理的系统性。档案数量的齐全完整，要求凡是具有保存价值的档案都要收集齐全，避免残缺短少，实现一个单位、一个系统、一个地区和一个国家真正有保存价值档案在数量上的完整性；档案整理的系统性是指遵循档案的形成规律，维护档案之间的有机联系，将其组成一个有机的整体。这样才能反映一个单位、一个地区乃至整个国家从事社会活动的过程和基本历史面貌。

（2）维护档案的安全。

档案的安全性包括两方面含义：档案实体的安全和档案内容的安全。档案是珍贵的历史记录，往往只有一份孤本，而且年代越久远的档案，其价值就越大。

但由于社会和自然的因素，档案材料不免会遭到损毁。因此，应尽可能延长档案的寿命，保证档案实体的物理安全。同时，也要避免档案机密的泄漏或遭人为破坏，保证档案信息内容的安全。

（三）便于社会各方面利用的原则

便于社会各方面的利用，是档案管理工作的根本目的，是检验档案工作效果的重要标准。便于社会各方面利用的原则，应始终贯穿于档案工作的各个方面和各个业务环节中，它是我们制定档案规章制度和组织档案业务工作的出发点，并以此作为主要标准去检查和评价档案工作的质量。

我国档案管理工作基本原则的三个方面是相互联系、相互统一的。统一领导、分级管理是核心，没有统一领导、分级管理的管理体制保证，维护档案的完整和安全，便于社会各方面的利用就很难实现；维护档案的完整和安全是手段，没有档案的完整与安全，就谈不上档案的方便利用；便于社会各方面的利用是目的，离开了这个目的，维护档案的完整与安全就失去了意义和方向。因此，应该全面地理解和贯彻执行档案工作的基本原则。

五、档案管理的理论依据

（一）文件生命周期理论

文件生命周期理论是文件管理的核心理论。20世纪文件数量的激增是文件生命周期理论产生的社会背景。20世纪四五十年代文件中心的出现以及人们寻找对其的理论解释是导致文件生命周期理论产生的直接原因。后来，随着研究范围的逐渐扩大，人们对文件的整个运动过程以及对这一过程的全面管理进行了系统研究，客观揭示了文件的运动过程和规律，最终形成了文件管理的核心理论。

1. 文件生命周期理论的内涵

文件生命周期理论认为文件具有一定的生命周期，现行文件从其产生到最终销毁或永久保管是一个完整的生命运动过程。在这一过程中，由于文件价值形态的变化，又可以划分为若干个阶段。文件在每一个阶段因价值形态的不同，保存场所、管理方式及服务对象也不同。文件的价值形态与其保存场所、管理方式及服务对象之间存在内在的对应关系。

（1）文件从其形成到销毁或永久保存，是一个完整的生命运动过程。文件的产生、流转，办理完毕后归档保存或销毁，最终移交档案馆永久保存的过程是一个前后衔接、连续统一的生命运动过程。

（2）由于文件价值形态的变化，这一生命过程可划分为若干阶段。文件的生命运动具有阶段性特征，从文件价值形态的变化出发，中外档案界一般将文件生命运动的生命阶段划分为现行阶段、半现行阶段和非现行阶段三个阶段。

（3）文件在每一个阶段因其具有不同的价值形态，而体现为不同的服务对象、保存场所和管理方式。现行阶段的文件具有现行效用，处于机关文件的流转过程中，等文件承办完毕以后，则需要根据其价值大小决定是否归档保存或销毁。归档保存的文件进入半现行阶段，这一阶段的文件对本机关具有一定参考作用，保存在本机关档案室或文件中心，主要为本机关服务，具有过渡性。文件在机关档案室或文件中心保存若干时期以后，经过鉴定，将其中具有永久保存价值的文件移交档案馆。进入档案馆永久保存的文件进入非现行阶段，非现行阶段的文件对形成机关已经丧失了最初的原始价值，而主要体现为对整个社会的价值。

文件在历经三个阶段的生命运动过程中，其对本机关的原始价值（对本机关的行政、财务、法律等价值）和对本机关之外的其他利用者的档案价值（证据价值和情报价值）出现了此消彼长的变化。在现行阶段，文件主要发挥对机关的现行效用，在机关部门间流转，直到办理完毕，文件主要体现为原始价值；在半现行阶段，部分文件最初仍然具有较高的原始价值，但随着时间的推移，原始价值逐渐衰减，部分文件的档案价值开始逐渐显现；在非现行阶段，文件的原始价值丧失而档案价值突出，文件为社会各界服务。随着文件原始价值的削减和档案价值的增加，文件的保管场所对应地发生了变化，从机关内部到文件中心（或档案室），最终移交到档案馆。文件的服务对象也逐渐由内向外，同时，服务方式经历了一个从封闭到开放的过程。

2. 文件生命周期理论的价值

文件生命周期理论对于传统档案管理的理论指导意义是不言而喻的，它从理论上科学地阐释了文件中心存在的合理性，奠定了文件的分阶段管理以及文件的全过程管理的理论基础。对于电子文件管理而言，文件生命周期理论虽然在一些细节问题上存在一定的不足，但仍然具有宏观上的理论指导价值。这是因为，文件生命周期理论是对文件运动规律的客观描述，电子文件具有文件的基本属性，它在载体形式和生成环境方面虽然具有特殊性，但仍然要历经从产生到销毁或永久保存的整个生命周期，电子文件的运动仍然具有一定的阶段性，只不过各阶段的界限模糊，运动特点发生了变化，此外，电子文件的价值形态与相关因素的对应关系虽然已经弱化，但并不是绝对消失。文件连续体理论修正和发展了文件生命周期理论的某些细节，使其适用于电子文件的管理。

关于文件生命周期理论与文件连续体理论的关系众说纷纭。但有一点可以肯定，文件生命周期理论是文件连续体理论产生的基础和源泉，后者是对前者的修正和发展。在电子文件时代，文件生命周期理论的某些细节可能需要补充和修改，但仍然具有十分广泛的理论指导意义。

（二）档案鉴定理论

档案鉴定是档案工作的重要内容之一，鉴定工作决定档案的保管期限和存毁命运。鉴定（appraisal）是根据文件的档案价值来决定如何对其进行最后处置的档案工作基本职能，也称为 evaluation（评价）、review（审查）、selection（选择）、selective retention（选留）。从法国大革命至今，近现代档案鉴定理论大体走过了如下几个发展时期：第一个时期自 1789 年法国大革命至 19 世纪末，为国家颁布和实施档案鉴定规章，档案鉴定理论酝酿准备时期；第二个时期自 20 世纪初至 20 世纪二三十年代，为档案鉴定理论的初步探索时期；第三个时期自 20 世纪中期至 20 世纪 70 年代末，为档案鉴定理论走向成熟时期；第四个时期自 20 世纪 80 年代初至今，为档案鉴定理论进一步发展时期。从 19 世纪末至今，西方产生的比较著名的档案鉴定理论主要有：年龄鉴定论、职能鉴定论、双重价值鉴定理论、行政官员鉴定论、利用决定论、社会分析与职能鉴定理论（宏观鉴定理论）。

第二节 档案收集、整理与鉴定

一、档案收集工作

（一）档案收集工作的具体内容

档案收集工作可以概括为两个方面，即档案的接收和档案的征集。档案的接收，是指档案馆（室）收存档案的活动过程。它是整个档案收集工作的中心内容，是档案部门取得和积累档案的主渠道。档案的征集，是指档案馆按照国家规定征收散存在社会上的档案和有关文献的活动，它是档案馆取得和积累档案史料的必要补充渠道。档案收集工作的具体内容主要包括三个方面：

（1）对本机关需要归档案卷的接收工作。

（2）对各现行机关和撤销机关具有长久保存价值的档案的集中和接收工作。

（3）对历史档案的接收和征集工作。

（二）档案收集工作的重要意义

收集工作是档案工作的起点，是整个档案工作中极为重要的一个环节，对整个档案工作都具有重要意义。

档案馆（室）管理的档案，主要不是由档案馆（室）内部产生的，而是历史上形成的和现实生活中不断产生的文件长期收集和积累起来的。档案的收集，就是档案馆（室）取得和积累档案的一种手段。从全部档案业务工作的程序来说，收集工作是档案工作中的第一个环节，通过收集工作为档案工作提供实际的管理对象。有了档案，档案室和档案馆才有进行整理、编目、鉴定、保管、统计和提供利用等各项工作的物质条件。从组织整个国家档案工作来说，档案的收集工作是档案工作中贯彻集中统一管理原则的最重要的一项具体措施。只有通过收集工作，才能把党和国家的全部档案集中到各机关档案室和各级各类档案馆，形成统一的档案材料基地，实行统一的科学管理。从收集工作质量高低的影响来说，它直接关系到档案工作的其他环节。收集及时，档案材料完整系统，鉴选得当，则为档案管理的各个环节创造良好条件，从而能集中力量对档案进行研究，广泛地开展档案的利用工作。如果档案收集得很少，或者只收集了一些残损零乱的和实用价值不大的档案材料，不仅会给整理、编目、鉴定、保管、统计等一系列的工作在很大程度上造成无效劳动，而且更重要的是不能提供档案为各项工作服务，这对于维护历史文化财富的安全，并为发展社会主义科学文化事业提供条件，都是极为不利的。

总之，大量的经验证明，收集工作是档案业务基础工作中的基础，做不好档案的收集工作，就没有完整的档案，也就不会有健全的档案工作。因此，要做好档案工作首先必须从档案的收集工作做起。

档案馆和档案室是国家和机关授权专门管理档案的法定机构，开展档案收集工作，必须与各机关、机关内各单位、有关的工作人员以至社会各界人士进行直接接触，处理这种多方面的关系，往往涉及法制和民主、民族政策、统战政策等许多方面的问题。尤其是收集历史档案，情况就更为复杂，除国内各种关系外，有时还会涉及国际关系。因此，档案的收集工作政策性较强，要做好收集工作，必须提高政治水平，加强法制和政策观念，做好宣传工作，总结工作经验，讲究工作方法。

（三）档案收集工作的基本要求

1. 丰富和优化馆（室）藏，实现数量和质量的统一

一个档案馆（室）的收藏是否丰富、档案是否完整，这是衡量档案馆（室）工作做得好坏的一个重要标志，也是开展利用工作，特别是档案馆开放历史档案、开展编辑研究、出版档案史料的一个前提条件。档案馆（室）的档案卷收藏越丰富、越珍贵、年代越久远，就越有可能为社会做出更大贡献，也就越会得到社会的重视。丰富馆藏的主要标准和要求应该是数量充分，质量优化，成分充实，结构合理。

要把档案馆（室）建成一个永久保存档案的基地和研究利用档案的中心，就必须收集和保藏足够数量的档案和资料。档案收集工作，不能满足于按制度机械

地接收档案，交多少就收多少，交什么就收什么。应该采取各种有效措施，积极主动地拓宽档案收集渠道，把凡属于应由本馆本室管理的各种档案资料，广泛地持续地收集起来。

　　档案的收集要坚持数量与质量统一的要求，重视数量丰富的同时，还应注重内涵的丰富，只顾大量收罗，而不求质量，材料再多，也谈不上真正的丰富。因此，在强调丰富馆藏的同时，要强调优选，将具有重要价值的档案收入馆（室）内，达到馆藏档案的优质化。如果不注重质量，不加以筛选，将来会发生档案膨胀现象。

　　在丰富馆藏实行优选的同时，还要求成分充实，结构合理。在档案的种类方面，既要收集反映党政机关活动的普通档案，也要收集科技档案等各种专门档案。在档案形成单位方面，既要收集有关领导机关的档案，也要收集各种类型的机关以及有代表性的基层单位的档案。既要收集机关的档案，也要收集著名人士的私人档案，如手稿、信件、家谱、地契等。在档案的内容方面，要全面地收集经济、政治、科学、文化等各方面的宏观材料和微观材料。在档案文件的载体方面，既应包括纸质文件，也应包括各种特殊载体的材料，诸如照片、磁带等现代形式以及简牍、缣帛等古老形式的档案。同时，还应收集一些有关的其他资料，如地方志、传记、年鉴、回忆录等有关史实和考证的材料，以及政策法令汇编、有关的书报杂志等，使之与档案相辅相成，互相补充。总之，收集保管历史记录，必须与构成社会历史的各个领域相适应，合理地配置档案馆的馆藏结构。同时，不同层次和类别的档案室和档案馆，还应保持本机关、本系统或本地区的特点，如县档案馆的馆藏应体现地方馆和综合馆的特色。

　　2.加大档案馆（室）外的调查和指导，把握全局，统筹兼顾

　　如何把档案材料从原始的分散状况变为集中状况？这不仅要求档案馆（室）要做好自己的接收工作，还要求做好档案馆（室）外的调查研究和指导管理工作。

　　一方面，要调查研究，加强指导。收集工作必须做好档案馆（室）外调查，掌握应收入档案馆（室）的档案分散、流动、管理和使用等有关方面的信息。档案馆应该进行全宗调查，了解有关机关的历史、建档情况、保存档案的数量及整理、保管等情况，以便统筹安排哪些全宗或哪些部分、何时、有多少档案应该进馆，即使在工作正常的情况下，加强档案馆外调查对做好档案收集工作和各项档

案管理工作以至整个档案事业的预测、规划和决策，都具有重大意义。在加强调查研究的基础上，要协助与指导档案移交部门做好移交准备工作，使之符合接收的要求，从而提高档案的收集工作水平和馆（室）藏文件的质量。

另一方面，要把握全局，统筹兼顾。在档案收集工作中，要注重研究和掌握档案形成规律和档案发挥作用的规律性，根据档案分散的情况和档案馆的条件，从全局出发统筹安排，认真处理好从文件形成到归档、从档案室到档案馆的档案流程周期，既要防止把机关尚在经常使用的档案过早地集中起来，又要防止忽视整体的需要，把需要集中的档案当作某单位的"小家底""据为己有"不愿移交，或者"拒之门外"不愿接收，任其分散甚至遭受损失。应该从全局出发，全面考虑档案的第一价值、第二价值和档案在保管、使用方面的现状以及客观规律，使各机关具有第一价值和第二价值的档案都有科学合理的归宿，使局部和整体、当前和长远的利用有机地结合起来，从而有利于维护党和国家历史文化遗产的安全保管和便于提供利用。

3. 实现入馆（室）档案的标准化、现代化管理

档案工作的标准化，就是对档案工作中的一些管理原则和技术方法，按照规范化的要求统一起来，在国际范围内，已成为包括图书、情报资料和档案在内的文献工作标准化的必然趋势。档案工作的标准化，不仅可为将来实行电子计算机管理创造条件，而且有助于提高手工管理的水平。实行档案工作的标准化，应该从收集工作中开始推行，逐步着手。

在收集工作中如何实行标准化？我国还处于探索阶段，目前全国尚未颁布系统的统一标准。现在的有些单项标准、地方的一些做法和国外的经验，都可以作为我们制订系统成套的统一标准的借鉴。例如，规定案卷验收和质量标准、案卷封面和卷内编目的内容、格式和要求、卷皮和档案柜的尺寸等，如果全国能统一标准，那么，档案的管理水平将会大有提高。只有积极地逐步地推行标准化，才能改善和提高归档和入档案卷的质量。

档案工作的标准化，是档案管理现代化的基础和前提。档案管理的现代化是提高档案工作水平的有效途径和发展方向。没有标准的档案工作作为基础，档案管理现代化也只能是手段和形式的现代化，必将会限制档案管理的现代化进程。

4. 坚持全宗不可分散，保持全宗与全宗群的整体性

全宗是一个机关的档案的整体。因为一个机关内部，各项活动之间是相互交

错、相互联系的，而不是相互孤立的，所以一个机关所形成的档案材料之间存在着固有的内在联系，它们是一个有机整体。

保持全宗的整体性，是档案管理的一个基本指导思想，贯穿于档案管理工作始终。在档案收集工作中执行这一基本原则，是保证以后各个环节实行全宗管理的先决条件。

在收集档案时执行全宗不可分散原则，保持全宗和全宗群的整体性可采取以下措施：

第一，要把一个机关的档案作为一个全宗集中在一个档案室或档案馆内，而不允许人为地分割一个全宗的档案。某些单位由于一时需要而把某些档案从全宗中抽走另行集中，这种做法是不科学的。如果确实需要集中一些档案原件使用或存案，应以复制本代替。

第二，要注意各个全宗之间的相互关系。因为，在一定的时间、地点和条件下活动的各个机关，它们的工作活动都不是孤立的，而是相互依存的，反映在它们各自形成的档案上，各个全宗之间就有着密切的联系。这种在历史上形成的有着密切联系的若干全宗，称为"全宗群"。全宗群作为若干个全宗的集合体是自然形成的，不能人为地加以分割，而要集中收集在一个档案馆里，这才有利于反映历史上一定时间和一定地区工作活动的全貌。

（四）档案收集工作的主要特点

（1）预见性与计划性。档案文件作为人类各种社会活动的伴生物，其产生和形成具有明显的分散特点。所以，必须在调查研究的基础上，科学地分析和预测其形成、使用、管理的规律和特点，才能做好档案的收集工作。此外，档案收藏部门还应坚持历史方法的原则，全面地了解和掌握本档案馆（室）主要档案用户的利用动向、特点和规律，使收集来的档案文献符合档案用户当前的和长远的利用需要。档案收集工作要有计划性并主动地进行。

（2）针对性与及时性。档案收集工作，必须根据各级各类档案馆（室）的收集档案的范围来进行，不能违反国家规定，擅自收集不属于本馆（室）收集工作范围的档案，以保证收集工作能够有目的、有重点地进行。档案收集工作还具有及时性的特点。它要求档案人员必须具有明确的时间意识，将应当接收或征集的档案及时收集进馆（室）。档案部门应当尽最大的努力，避免拖延迟误，在掌握有关信息线索的前提下，采取相应的方式，尽快将档案收集起来。

（3）系统性与完整性。档案收集工作的系统性，从横的方式来讲，就是收集来的档案在种类、内容方面应齐全完整，同一项社会活动的档案应当是一个有机的整体；从纵的方面说，要保证收集来的档案能够历史地反映出一个地区、一个部门、一个专业系统、一个单位的历史脉络。此外，在收集档案时，应充分考虑到档案的科学文化的价值及其在当前的工作、生产、科研活动中所能起到的积极作用。这样才能使档案馆（室）真正成为机关、单位的参谋与咨询部门，使档案馆（室）成为社会各方面开发利用档案史料的中心。

二、档案的整理工作

档案的整理工作，就是按照一定的原则和方法，对档案进行系统的分类、排列和科学编目，使之系统化、条理化的一项工作。它为档案入库、入柜（架）管理和提供利用做准备。

（一）档案整理工作的内容范围

档案整理工作的内容主要包括：区分全宗、全宗内档案的分类、组合案卷（立卷）、案卷的排列和案卷目录的编制。

档案系统整理工作是档案馆（室）的主要业务之一。在档案馆（室）内档案的整理，按其工作内容的范围大致分为以下三种类型：

一是系统排列。在正常的工作情况下，档案馆（室）接收的是按照入馆（室）要求移交的案卷。档案馆（室）对这些接收的档案，根据整个档案馆（室）对档案存放和各种管理的需要，在更大的范围内进一步系统整理，如全宗和案卷的排列、案卷目录的某些加工等。

二是局部调整。已经整理入馆（室）保存的档案，一般都固定下来，但是随着时间的推移，档案材料本身以及档案整理体系可能发生某些变化，就需要进行个别的加工和局部的调整。

三是全过程整理。在一些特殊情况下，档案馆（室）会接收或征集一些零散文件，这时就必须进行全过程的整理工作。

（二）档案整理工作的重要意义

档案整理工作在整个档案管理工作中具有十分重要的意义。

一方面，档案整理工作是档案利用工作的前提。人们保存档案的目的是利用档案，如果不进行科学的整理，把档案任意堆放在一起，需要时就会像在大海里捞针一样，不仅费时费力，甚至根本找不出所需要的档案，这样就会严重影响档案作用的实现，使档案的利用价值不能充分体现。只有把档案组成条理化的体系，才能反映出各种活动的本来面貌，便于系统地查考研究。所以，档案的系统整理，是利用、开放、发挥档案作用的前提条件。

另一方面，档案整理工作，可以促进档案工作系统各个环节的良性运行和协调发展。档案收集得是否齐全完整，通过档案的整理就可以得到检验。档案的系统整理和基本编目，又为档案价值的鉴定和档案检索工具的编制奠定了科学基础，这几项工作往往又可以结合进行。档案整理工作的好坏，又直接影响到档案的统计、编研等工作环节。所以，档案整理工作在档案管理工作中占有重要地位。

（三）档案整理工作的基本原则

档案整理工作的原则包括以下内容：

1. 充分利用原有的整理基础

在档案整理过程中，充分利用档案原有的整理基础，便于保持文件之间的历史联系档案不仅记录了当时的社会实践活动，同时也反映了历来整理和保存档案的情况和成果，我们应当在尊重历史、继承前人劳动成果的基础上，运用科学的整理方法整理档案。只要不是零散文件，已经整理而有规可循、有目可查，就应保持其原有的整理体系，不要轻易打乱重整，对于必须重新整理的档案，也应分析原有整理哪些是合理的，哪些是不合理的，在充分研究和利用原来整理成果的基础上，尽量保存历史的状况，这样有利于提高整理工作的质量和效率。在这一点上，前人已为我们做出了很好的榜样。1936年文献馆（现故宫博物院）根据历年整理明清档案工作的经验，制订了《文献馆整理档案规程》，提出了整理明清档案的原则和方法，规定："整理档案，应保存其原件之形式""不得拆散割裂""整理以不失原来之真相为原则""其原有包扎或标识者，不得任意拆散废

83

弃"。中华人民共和国成立后，档案工作者对明清档案的整理，也是在"尊重前人的劳动成果，充分利用原有基础"的原则指导下进行的。在整理工作中，他们首先摸清档案形成机关的历史沿革，内部机构，职权范围及主要活动，使档案在整理过程中保持它们之间的自然联系，保持它们原来的次序，对于中华人民共和国成立前已整理，全宗划分和分类立卷比较正确的，就不要重新整理。凡是整理不够科学，缺点较多，不便利用的，则要尽量利用原有基础，个别加工调整，主要在编目和索引上下功夫，加强档案的查找工具的编写，弥补原来整理的不足。

可见，充分利用原来的整理基础，是比较切实的方法，也是科学地组织档案工作的一条原则。

2. 保持文件之间的历史联系

所谓文件之间的历史联系，就是文件在产生和处理过程中所形成的内部相互关系。任何一个机关都不是孤立地进行活动的，它同自己的领导机关、下属机关和许多有关机关，有上下左右、四面八方的联系。一个机关内部的各个部门之间，各项工作、各个工作发展阶段之间，也是有联系的，客观工作过程的联系决定了文件之间的联系。因此，整理档案时，必须按照档案的形成规律，保持文件之间的历史联系进行整理，才能如实地反映出机关活动的历史面貌，而不能根据偶然的需要和人为的联系随意分合。

文件之间的历史联系，主要表现在文件的来源、时间、内容和形式几个方面的联系。

一是文件在来源方面的联系。文件是以一定的机关及其内部组织机构或一定的个人为单位有机地形成的。形成文件的这些单位，使文件构成了来源方面不可分割的历史联系。因此，只有在保持文件来源方面联系的前提下，才能保持文件的时间、内容和形式等方面的联系，才能更深刻地反映机关工作活动的面貌。如果首先分割了文件来源方面的联系，那么其他一切方面的联系都将是不科学的。

二是文件在时间方面的联系。形成档案的机关和个人所进行的具体活动，都有一定的过程和阶段性。因此，文件之间具有自然的时间联系。例如某机关一定历史阶段或一个年度的文件，记述和反映了这一机关在这段时期或这一年度的工作情况和职能活动，整理时应注意保持文件在时间方面的联系。

三是文件在内容方面的联系。文件是机关或个人在履行一定职责的各种活动中，为了解决一定问题而产生的。它的形成者的特定活动，使文件之间在内容上具有密切联系。一般来说，反映同一具体人物、事物、事件或具体问题的文件，它们之间联系密切，应当合并组卷，不可以拆散联系。特别是同一具体问题的问文和复文，请示、报告和批复、批示应当集中立卷。在整理档案的某些程序中，文件内容方面的联系往往是最紧密的联系。整理档案时，保持文件在内容方面的联系，既可以保持文件之间的历史联系，反映出一个问题处理的全貌，又便于查找利用。从一定意义上说，按文件内容之间的联系整理档案是最重要的一个方面，但不是唯一的，不能过分强调内容联系而忽视甚至破坏了文件来源和时间等方面的联系。

四是文件在形式方面的联系。所谓文件的形式，包括它的内部形式和外部形式两个方面。例如文件的种类和载体、记录方式等。文件形式是文件内容的外在表现。文件形式标志着文件产生时的特定作用，在一定程度上也反映了文件的来源、时间和文件内容的性质。例如，指示来自上级领导机关，反映了它对本单位的领导关系。请示反映了本单位请示的事项，并要求上级给予答复。会计报表、账簿反映了财务工作状况。文件的格式和印章也与文件产生的时间、内容等紧密相关。所以，文件的形式方面的特征，也构成了文件之间的一定联系。

保持文件之间的历史联系，应该辩证地去看待和处理，一方面，由于文件之间具有错综复杂和多种多样的联系，因此，在整理档案时，应注意找出文件之间最紧密的联系作为立卷的标准。例如，一次会议中形成的文件，如果仅仅为了照顾内容方面的联系，把不同内容的文件放在相关内容的案卷中，就破坏了文件的整体性，不能真实全面地反映这次会议的全貌。因此，不能孤立地强调某一些方面的联系，而破坏了档案的整体性。另一方面，文件之间的联系是相对的，应从档案本身的特点及其形成的情况出发，将其放在整个整理工作的环节中，全面地考察其是否保持了文件的联系，不能脱离实际地整理文件，主观地、孤立地去看待文件的联系。总之，只有从特定的整理对象出发，选择最优的整理方法，才能最充分地保持文件之间的联系。

3. 便于保管和利用

便于保管和查找利用，是档案整理工作的基本出发点和最终要求，人们保管档案的最终目的是利用档案，发挥档案的价值和作用，而不是为了保管而保管。因此，整理档案应充分认识便于保管和利用的原则，一切以便于保管和利用为最终目的。一般来说，恰当地保持文件之间的历史联系整理出来的档案，基本上能够便于保管和利用。但是，保持文件之间的联系与便于保管和利用有时会发生矛盾。例如，一项工程中形成的文件材料中，既有纸质文书的请示、批复、工程预算、财务账簿，也有工程图样、录像带、VCD 碟片，就其内容而言，无疑这些文件之间有重要内容上的联系。如果把他们混合整理，很显然不便于保管和利用，这时就不能机械地运用保持文件的联系的原则，要充分考虑档案保管和利用的方便。因此，在整理档案的过程中，应视具体情况，恰当地组合，在相应的范围内要求保持文件最优化的联系。

（四）档案整理工作的基本程序

档案整理工作，是指按照一定的原则对档案实体进行分类、组合、排列与编目，使之系统化的过程。档案整理工作从性质上可分为系统化和编目两个部分，具体包括：区分全宗、全宗内档案分类、类内文件组合、案卷排列与编目。档案整理工作的程序如下：

（1）系统排列和编目。在正常情况下，档案室接收的是文书部门和业务部门按照归档要求组合好的文件材料，而档案馆接收的是各个单位档案室按照进馆规范系统整理的档案。因此，对于档案室和档案馆来讲，档案整理工作只是在更大范围内对接收进来的档案做进一步调整。

（2）局部调整。档案馆（室）在日常管理工作中，要定期对所藏档案进行检查，发现明显不符合要求、确实影响保管和利用的档案，档案馆（室）有责任对不合理的整理状况进行局部的调整。

（3）全过程整理。档案馆（室）在收集档案过程中，由于种种原因，其中有些档案没有经过系统的整理，处于零乱状态，这就必须进行从全宗划分、组合、排列和编目的全过程整理工作。

三、档案鉴定工作

档案的鉴定，一般是指对档案真伪和档案价值的鉴定。在机关档案室和档案馆的业务工作中，档案鉴定工作通常是指对档案价值的鉴定。

（一）档案鉴定工作的主要内容

档案鉴定工作，就是鉴别和判定档案的价值，挑选有价值的档案妥善保存，剔除无须保存的档案予以销毁。档案鉴定工作的内容包括以下三个方面：

（1）制定鉴定档案价值的有关标准，如编制档案保管期限表等。

（2）根据有关标准，判定具体档案的价值，确定其保管期限。

（3）将失去保存价值的档案，进行销毁或作相应的处理。

（二）档案鉴定工作的重要意义

首先，档案鉴定工作是提高档案管理质量的有效途径。随着社会的发展和各项实践活动的进行，新的档案不断产生，档案数量日益增多，库房内所存档案逐渐变得庞杂，有些档案随着时间的推移，失去了原有的保存价值，没有继续保存的必要，而有些档案则要继续保存，有用和无用的档案混杂在一起，势必造成玉石不分，影响对有价值的档案的管理和利用。因此，需要对档案价值进行鉴定，一方面缓解库房压力，另一方面提高档案管理质量，使有价值的档案的保管条件得到改善。同时，有利于把有价值的档案提供给利用者，提高档案馆服务水平。同时，在发生意外事件时，便于迅速地抢救和转移重要档案。

其次，档案鉴定工作是决定档案命运的重要工作。档案鉴定工作是一项非常严肃的工作。如果错误地销毁有价值的档案，将会造成无法挽回的损失。如果保存大量无价值的档案又会造成档案膨胀，达不到鉴定工作的目的。由于档案鉴定标准的弹性大和档案工作人员在实际鉴定工作中不可避免地带有主观随意性，对档案未来作用的预测难以完全准确，所以，有些人说："文件鉴定工作是全部工作中最困难和最重要的一项专业活动。"

（三）档案鉴定工作的基本原则

鉴定档案时，应从党和国家的现实需要和长远需要出发，运用辩证唯物主义和历史唯物主义观点，以全面的、历史的、发展的观点去分析考察档案的现实价值和历史价值，准确地判定档案的保管期限。销毁失去保存价值的文件，保证档案的完整、安全和质量，从而更好地进行保管和利用，更好地为社会主义事业服务。在我国社会主义档案事业中，档案鉴定工作首先要以党和国家的根本利益作为衡量档案价值的根本出发点，这是档案鉴定工作总的指导思想，也是档案价值评价的基本标准。如果偏离了这一点，必然会破坏档案的完整性，给党和人民带来不可挽回的损失。古今中外许多历史和现实的实践都曾表明，由于某种狭隘利益的支配，以个人的好恶和小团体的利益为准则判定档案的价值，有意识销毁某些有价值的档案，必然会成为历史的罪人。

总之，用全面的、历史的、发展的观点判定档案的价值，是鉴定档案原则的主要内容。

1. 运用全面的观点

全面地分析和考察档案的价值，是档案鉴定工作中的一条根本原则。具体可以从以下三个方面来理解：

第一，判定档案的价值。不能单从档案的自身特点或社会需要的某一方面为标准，而应将二者结合起来，全面地评价档案的价值。这是因为，档案的价值表示的是档案的自身特点与社会需要的特定关系，如果只考虑其中的某一方面，都未免失之偏颇。如有人认为，社会需要决定档案价值的大小，社会需求越大，档案价值也就越大。也有人认为，档案的价值大小是由档案自身的特点决定的，文件的内容、形式等方面的特征是决定档案价值大小的决定性因素，与社会的需要无关。还有人认为应该从档案的形成和管理中花费的劳动量去考虑档案的价值。这些认识都没能从根本上解决如何判定档案价值的问题。如果以社会的需要为标准判定档案的价值，社会需要有时间早晚问题，有些档案即使目前尚未被人们发现利用，但由于其自身的特点，如特殊的格式、特定的印章、特殊的花纹纸张等，都可能成为将来利用的重点。因此只因为其目前没被社会利用就判定其价值不大或没有价值，很显然是不合适的。因此，判定档案价值时应把档案的自身特点与社会需要结合起来考虑，全面地评价档案价值。

第二，运用全面联系的观点分析评价档案的价值。判定一份档案文件价值的大小，不能以一份文件来单独判定，而应将其与其他相关的档案文件结合起来考虑，从整体系统中全面地分析每份文件、某部分档案的价值，这样才能更好地坚持全面的观点。

第三，全面地预测社会对档案的需要。由于社会对档案的需要是多层次、多角度、多方面的，所以在鉴定档案价值时，应进行全面的考虑，既要考虑本机关的需要，也要考虑社会其他单位或个人的需要；既要考虑当前的需要，也要考虑长远的需要；既要考虑查考凭证的需要，也要考虑学术研究、编史修志的需要。总之，应对档案不同的需要综合考虑后再去判定档案的价值，而不能只从本机关的需要和当前的需要出发判定档案的价值。

2.运用历史的观点

鉴定档案要尊重历史，运用历史唯物主义的观点和方法，科学地甄别档案价值。由于档案是历史的记录，是在一定的历史条件下形成的，是当时社会活动的真实记录，因此分析档案的价值必须把档案放在它所形成的历史环境中，去具体分析档案的内容和形式以及档案文件的相互关系，并结合现实需要考虑档案的价值。即使是历史上形成的内容不正确的文件，也不能轻易弃毁，而应根据当时的历史条件加以分析，以维护历史的本来面貌。

总而言之，只有坚持历史的观点，才能准确地鉴定档案的价值，任何实用观点和非历史的观点都是必须摈弃的。

3.运用发展的观点

由于档案的作用具有时效性和扩展性的特点，因此判定档案的价值，不能只拘泥于目前需要，而要用发展的眼光预测档案的长远作用。有些档案目前有用，但将来不一定有用；有些档案目前没用，但将来可能有用。因此，判定档案的价值，应"瞻前顾后"，运用辩证唯物主义和历史唯物主义的观点和方法，预测档案的长远历史作用，要站得高，看得远，有科学的预见性。

（四）档案鉴定工作的方法及程序

1.档案鉴定工作的基本方法

鉴定档案价值的基本方法是直接、具体地审查档案，通常把这种方法称为直接鉴定法。直接鉴定法要求档案鉴定人员逐件逐页审查档案材料，从它的内容、作者、名称、可靠程度等方面，全面考查分析确定其价值。直接鉴定一般以案卷为基本单位进行，比如，一个案卷内存有不同保存价值的文件，而文件之间又有密不可分的联系，则以其中最重要的文件价值来确定保管期限，一般以不拆卷或个别拆卷的办法来处理。

2.档案鉴定工作的主要程序

（1）归档鉴定。首先，由文书部门或业务部门在档案室指导下，制订本单位的《文件材料归档范围和保管期限表》。之后，剔除没有保存价值的不归档文件，再按照《保管期限表》对归档文件确定保管期限。

（2）档案室的鉴定工作。档案室的鉴定工作一般包括：对归档材料的初始鉴定的结果进行质量监控，检查所定的保管期限是否准确，对不符要求的部分作局部调整。同时，对保管期限届满的档案进行复查鉴定，重新审定其是否需要继续保存，对其中仍有保存价值的档案，重新划定保管期限，对于失去保存价值的档案，剔除并按规定销毁。

（3）档案馆的鉴定工作。档案馆的鉴定工作一般包括：对进馆档案的保存价值、整理质量和保护状况进行检查；对封闭期已满的档案进行开放和划控鉴定；对馆藏档案开展定级鉴定；对保存期满的档案做复查鉴定以确定存毁。

（五）档案鉴定工作制度的内容

档案鉴定工作是一项科学性非常强的工作，它要求运用科学的鉴定方法及客观的标准来判定档案的价值。同时，档案鉴定工作又是非常严肃的一项工作，如果处理不当，将会造成无法挽回的损失。因此，在进行档案鉴定时，应建立并严格遵守档案鉴定工作制度，确保档案鉴定工作合理、有序、高质量地完成。我国档案鉴定工作制度的内容，主要有以下三个方面：

（1）档案的鉴定工作应按党和国家制定的鉴定工作原则和鉴定标准进行。如国家档案局颁发的《关于文书档案保管期限的规定》和《文书档案保管期限表》以及其他有关档案鉴定的指示性文件，都是档案鉴定工作的依据。

（2）档案鉴定工作必须有组织有领导地进行。首先，应组成档案鉴定小组。该小组由档案部门、有关的业务部门及熟悉档案情况的人员组成，并由指定领导负责组织。其次，召开鉴定小组成员会议，制定档案鉴定工作计划，研究有关档案鉴定的纲领性文件，对鉴定的标准给以明确的界定，以尽量避免鉴定过程中的主观随意性。再次，熟悉需要鉴定的档案的内容和成分，有组织有秩序地进行鉴定工作。在鉴定过程中，遇有难以确定价值的文件，应由小组成员共同研究解决。

（3）销毁档案必须经过一定的审批手续，任何人不得随意销毁档案。经过鉴定后，对于没有保存价值的档案，应登记销毁清册，并写出鉴定报告，报请有关领导人批准后方可销毁。一般情况下，机关档案室销毁档案，应经机关领导人批准。档案馆销毁档案，必须报请主管领导机关批准。销毁 1949 年以前的历史档案，同时还应报告国家档案局。

（六）档案价值及鉴定的标准分析

1. 档案价值的决定因素

所谓档案价值，就是档案对社会的有用性，它体现的是人类的需要对档案自身属性的肯定关系。也可以说，档案价值是由文件的客观属性与人类的主体需要这两种要素相互之间的矛盾运动规定的，是这种矛盾运动的具体反映和结果。因此，决定档案是否具有保存价值和具有怎样的保存价值，是由档案的自身特点和社会利用需要两个方面的因素决定的。

第一，档案自身的特点是决定档案价值的客观因素。由于档案是社会实践的原始记录，反映和记载了当时的社会活动的原貌，具有原始的凭证作用。同时，档案本身的内容、来源、形式及其他各种情况，都从不同的角度影响着档案是否具有保存价值和具有什么样的保存价值。一般来说，反映本机关主要职能活动的文件，价值就大，反映一般问题的文件价值就小。来源于上级机关的指示性、指导性文件，价值就大，来源于下级机关的文件价值相对就小。

第二，社会需要是决定档案价值的主观因素。在社会活动中，人们经常需要利用档案来解决一些实际的问题。例如，本机关的职能活动是在一定法律规范的范围内完成的，因此，经常需要查阅有关的法律政策文件、上级的指示、规定、条例文件，以使自身的活动合法、合理。领导的正确决策的形成，也离不开对档案的利用。也就是说，各种档案是否需要利用，怎样利用，都直接影响着各种档案是否具有保存价值，具有怎样的保存价值。

上述决定档案保存价值的两个因素都是客观存在的，也是辩证统一的。档案价值的实现既不能脱离客观基础——档案自身的属性，也不能脱离主体的需要——社会利用。档案的价值，实质上就是档案客体的属性和主体需要的统一。因此，鉴定档案的价值，就要将两个因素结合起来，全面考虑，综合研究，单纯强调某一方面而忽略另一方面都是片面的、不科学的。

2. 鉴定档案价值和划分档案保管期限的标准

（1）鉴定档案价值的标准。

为了保证档案鉴定工作的质量，应建立明确的档案价值鉴定标准。档案价值鉴定标准，是以客观存在的档案价值构成为基础，分析档案文件的各种特征及其对社会需要的依据。

　　档案价值鉴定标准主要有来源标准、档案内容标准、档案形式特征标准和相对价值标准。

　　①档案来源标准。档案的来源是指档案的形成者。档案的形成者在社会上以及机关内的地位、作用和职能可影响甚至决定档案的价值。机关在鉴定档案时，应注意区分不同的作者。一般情况下，各机关主要保存本机关制成的文件，对于外机关的来文，应视具体情况决定价值大小，与本机关有隶属关系或针对本机关主管业务的，需要贯彻执行的文件比无隶属关系或非本机关主管业务，不需要贯彻执行的文件价值要大。在本机关制发的文件中，不同的撰写者、制发机构也对档案的价值产生影响。机关领导人、决策机构、综合性办公机构、主要业务职能部门、人事机构制发的文件，由于其反映本机关的主要职能活动和基本情况，文件价值相对比较大。

　　②档案内容标准。档案内容是决定档案价值最重要最本质的因素。人们利用档案，最主要的是利用档案所记载的事实、现象、数据、经验、结论等内容，当这些内容能满足利用者的某种需要时，就构成了档案的某种价值。对档案内容的分析应从以下几个方面考虑：

　　一是档案内容的重要性。一般来说，反映方针政策、重大事件、主要业务活动的档案比反映一般性事务活动的档案重要；反映全面性问题的档案比反映局部问题的档案重要；反映典型性问题的档案比反映一般性问题的档案重要；反映本机关主要职能活动、中心工作和基本情况的档案比反映非主要职能活动、日常工作和一般情况的档案重要。

　　二是档案内容的独特性。内容独特、新颖的档案对利用者富有吸引力，具有较高的价值。在鉴定其全宗档案价值时，应对某些特色档案给予特别重视，如记述本机关特殊事件、特殊产品、特殊人物、特殊成果以及某些特殊传统的档案和反映本机关改革、发展过程中具有开创意义的新人、新事、新政策、新做法的档案等，这些档案由于其内容的独特性而具有较高的价值。

　　三是档案内容的时效性。文件的时效性对档案的价值发生直接的影响，文件内容不同，其有效期的长短以及对档案价值的影响程度也不相同。如方针政策性、法规性、综合计划性文件在失去现行效用后，其价值将由行政价值转为科学价值。而契约、合同、协议等法规方面的文件，通常在有效期及法律规定的时效期内十分重要，此后便降低以至失去保存价值。因此，鉴定档案时要具体分析每份文件的时效性对其价值的影响。

除上述三方面之外，档案内容的真实性、完备性也是影响档案价值的重要因素。

③档案形式特征标准。档案文件的名称、责任者、形成时间、载体形态、记录方式等，在某种情况下也对档案的价值发生影响，文件的名称有特定的性能和用途，因而可以在一定程度上反映出文件的价值。一般说来，决定、决议、命令、指示、条例等往往用于反映方针政策，具有权威性和重要性，价值较高。而通知、简报等往往用于反映一般性事务，价值较低。文件产生的时间距离现在越远，越要多保存一些，在某些重要历史时期产生的文件，往往具有重大价值。文件的正本具有标准的格式，有机关的印章或负责人的签署，是机关进行工作的依据，可靠性大，其价值也大一些。副本、草稿、草案的可靠性差一些，价值也小一些。某些重要文件的草稿、草案可以反映文件的形成过程，也具有较高的保存价值。有些事件可因其载体古老、珍稀而具有文物价值。有些文件可因书法或装帧而具有艺术价值。也有些文件可因有著名人物的题词、批注、签字而具有纪念价值。

④相对价值标准。相对价值标准是指在一定的情况下，某些文件的保存价值和保管期限可以相对地提升或降低。从理论上讲，每份文件的价值取决于档案客体属性及其满足利用者需要的程度，都是客观存在的，但从我国档案管理体制和档案工作原则出发，在实际上还有一种被鉴定档案与其他档案相比较而存在的价值，就是所说的相对价值。

使用档案的相对价值标准，是为了有效地控制档案室、档案馆馆藏档案的质量和数量，使之达到优质精练。档案馆在鉴定工作中运用相对价值标准，通常的方法是分析全宗和全宗群的完整程度。在全宗和全宗群内档案保存比较完整的情况下，各种类型文件的价值基本正常，其中有些文件的保存价值相对降低，在保存不完整的条件下，残存文件的保存价值相对提高，其中有些本来不重要的文件也上升到价值层次。也就是说，全宗群或全宗内档案遭受损失越大，档案保存得越少，其残存的档案更要多保存一些。档案室在鉴定工作中运用相对价值标准，主要考虑三个方面：一是所有档案的完整程度；二是档案内容的可替代程度；三是本机关是否向档案馆移交档案。不移交档案的机关，主要根据本机关的需要划分档案的保管期限；需要移交档案的机关，还要根据档案馆的要求确定某些档案的保管期限。

　　根据上述标准鉴定档案价值时，切忌片面地强调某一方面而忽略其他方面，必须综合地考虑文件各方面的特点及作用，全面联系地把握档案价值。

　　（2）划分档案保管期限的标准。

　　档案鉴定工作的内容之一，就是在判定档案价值的基础上，确定档案的不同的保管期限。确定档案保管期限的标准如下：

　　①永久保管的档案。凡是反映本机关主要职能和基本历史面貌的，在经济建设、文化建设、政治斗争和科学研究中需要长远利用的档案，应列为永久保管。这类档案主要包括两部分：一是本机关工作中制定的重要文件，如指示、决议、决定、工作计划和总结、请示和报告以及有关机构演变、人事任免的文件材料等；二是上级机关颁发的属于本机关主管业务并需要贯彻执行的重要文件，如指示、命令、批复等，以及下级机关报送的有关方针、政策性的和重要问题的请示、报告、总结等文件材料。上述标准对于现行档案文件适用。对于历史档案，特别是革命历史档案和明清以前历代封建王朝的档案，则无论其内容如何，都应列入永久保存之列。

　　②长期保管的档案。长期保管的档案的保管期限在16~50年之间。凡是在相当长时间内本机关需要查考的档案，应列为长期保管。这类档案也主要包括两部分：一是本机关工作中制成的、在相当长时间内需要查考的材料；二是上级机关颁发的和下级机关报送的比较重要的文件材料。

　　③短期保管的档案。短期保管的档案的保管期限为15年以下。凡在短时间内本机关需要查考的各种文件材料，均应列为短期保管。

　　档案不同保管期限的划分标准，是一种原则上的标准，在具体划分档案的保管期限时，主要是从档案自身的特征着手，即从档案的内容特征、来源特征、形式特征等方面来判断档案的保存价值，同时要考虑社会利用的需要和一份档案与其他档案之间的联系，这样才能更准确地判定档案的价值。

　　（3）档案的销毁标准。

　　档案的销毁工作通常是在两种情况下进行的：一是从档案的内容来看，没有保存必要的档案；二是从保管期限来看，保管期满的档案。在对上述两种档案进行销毁时，应特别慎重，以免因错误地销毁档案而造成无可挽回的损失。

　　①销毁档案的内容标准。凡是国家规定不属于归档范围的文件材料都应该销

毁，主要包括：重份文件；无查考利用价值的事务性、临时性文件；未经签发的文电草稿、一般文件的历次修改稿、铅印文件的历次校对稿；机关内部相互抄送的文件材料；为参考目的从各方面收集来的文件材料；本机关负责人兼任外机关职务形成的文件材料；参加非主管机关会议带回的不需要贯彻执行或没有查考价值的材料；下级机关送来的不应抄报或不必备案的文件材料；上级机关任免或奖惩非本机关工作人员的文件材料；越级或非隶属机关抄送的一般的、不要求办理的文件材料；外机关送来的征求意见的未定稿文件；无特殊保存价值的信件、提出一般意见或建议的人民来信等。

②销毁档案的保管期限标准。凡是保管期满的档案，经复查鉴定后，确认没有继续保存的必要，就可以经过一定的销毁手续进行销毁。

第三节 档案登记统计与检索

一、档案登记和统计工作

在日常的档案管理工作中最不可缺少的工作就是档案登记和统计工作，档案登记从本质上说是记录性的工作，因此，其工作的最终目的是记录企业日常的管理活动，比方说对发生的事情的真实情况所采取的动作、表现的现象、数字等记录，以此，全方面地掌握企业的动态。统计工作则是偏向宏观上面的定量描述和分析工作，其主要目的是通过描述和分析确认事物的最终形态和性质，其主要的功能是帮助决策者制定出正确的政策，因此，档案登记统计主要包括两个方面的统计，一个就是档案现状的等级统计，一个是档案工作情况的登记统计。

（一）档案现状的登记统计

档案室管理的工作主要包括以下内容：

第一，卷内的目录，其主要的作用是方便登记文件的数量。

第二，案卷的目录，其主要的作用是统计案卷的数量（这里要说明一下，以上两种目录都是档案室管理中必不可少的）。

第三，需要归档的文件目录，自从立卷改革之后，就要求合并以上两种目录，同时参照分类管理的方式进行重新编号。因此，重新归档的目录有明确的文件号码、负责人、文号、文件名、文件收录日期、页数以及备注等信息。

第四，需要有一个总的登记簿。在档案室中应当设有一个总的登记簿，此作用就是将所有档案的收入、转移等情况进行详细记录。换句话说，总的登记簿好比财务上的总账，可以直接查询所有的档案活动。

（二）档案工作情况的登记统计

1. 工作日志的记录

在很多的领域中都会使用工作日志的方式记录日常的工作，因此工作日志可以很好地表示全天的工作内容，当然这些记录也是最原始的资料，以方便日后的查询，也为今后的总结做好工作。档案管理工作中工作日志一般记录的是工作者每天的活动内容。在具体的业务机构中也可以设立记录单位日志的登记机制，以此来确保机构负责人记录的信息的完整性。工作日志一般使用的形式是簿册，可以根据单位或者人，每个月或者每一年的方式进行编册。明确的登记项目可以灵活地记录企业的日常工作状况。

2. 员工进出库房的登记工作

档案管理工作的过程中，应该注意员工进出库房的登记工作，只要有工作人员进入或者出仓库的时候都要做到登记，这也是档案管理工作中不可缺少的重要事情。在进出库房的登记项目上应当包含进出库房的具体日期和时间、进出库房是否有拿走或者放入物品、进出库房的原因以及进出库房者等。

3. 档案入库或者借出的记录登记

对于档案的管理，做好人员的进出库房记录是不够的，还应当随时对档案库房情况进行登记，此类工作最好设有专门的工作人员，只有这样才能确保任何时间都有精确的档案库房使用记录，此登记上应当明确地标注记录者是谁、进出库房的人是谁、档案查看的编号，以及查看的数量等信息。

4. 档案清算和验证的工作

为了保证档案管理工作的顺利进行，还应当做好档案的清点和验证工作，一般情况下应该设定一段时期之内进行档案的重新归纳工作。对于所要清点和验证的档案，要做好明确的登记工作，这样的好处就是方便以后查找和验证工作。在清点和验证的时候，应当统一登记表的格式，当然此项记录也可以用笔记本随时保持记录。可以说，不管使用的是什么方式，在清点和验证工作之后都需要做好统计工作，此结论最好用书面的形式表现出来。

5. 档案使用者登记簿

记录档案可以充分利用的方式有很多种，登记簿是其中之一，在档案管理中主要有两点功能：第一点就是为档案单位提供记录或者档案可以利用的信息；第二点就是为档案单位提供文本上的依据。登记簿上面一般含有序列号、时间、利用者名称、利用者所处的职位、利用者所在的部门、使用的目的和方式以及所查阅档案的数量和归还时间等信息。

6. 使用者登记卡

对于一些大型的档案室来说，登记卡的使用可以在一定程度上降低档案管理者的工作内容。因为登记卡上面含有利用者的名称、单位、长相、性别、年龄、发卡日期等信息。

7. 档案借出登记

借出登记主要针对的是档案机构之外的单位或者个人。其登记上面也应当记录档案编号、借出的时间、借出者是个人还是单位、借出的档案名称和数量、借出的主要目的、借出者的亲笔签名、预计归还的时间等信息。

8. 档案复制或者摘抄的记录本

对于产生档案复制或者摘抄的行为一定要记录下来，以便日后的查证。

二、档案检索工作

档案检索是指对档案信息进行加工和存储，并根据需要进行查找的工作。它是档案提供利用工作的基础和前提条件，是开发档案信息资源的必要条件。档案检索包括档案信息存储和查检两方面的工作内容。档案信息存储是将档案中具有检索意义的特征标识出来，加以编排，形成检索工具或档案信息数据库的过程；档案信息查检是指利用档案检索工具或数据库搜取所需档案的过程。这两方面工作内容密切联系、不可分割，存储是查检的基础和前提，查检则是存储的目的。

（一）档案检索工具的不同种类

档案检索工具具有检索、报道、交流和管理馆藏的作用。按照功能的不同和差异，档案检索工具可划分为不同的种类。

1. 按编制方式不同划分

（1）目录。它是将档案的著录条目，按照一定的次序编排而成的检索工具，如分类目录、题名目录等。

（2）索引。它是将档案中的某一内部或外部特征及其出处按照一定的顺序排列起来的检索工具，如人名索引、地名索引、文号索引等。索引与目录的区别在于：目录对档案文件内容和形式特征进行全面系统的著录，著录项目比较完整；而索引是对档案文件中的某一部分特征进行著录，著录项目简单。

（3）指南。它是以文章叙述的方式，综合介绍档案情况的一种工具，如全宗指南、专题指南、档案馆指南等。它可以作为工具书使用，相对于目录和索引来说，其报道性、可读性较强。

2. 按载体形式不同划分

（1）卡片式检索工具。它是将条目著录于卡片上，将卡片按一定顺序排列而成的检索工具。其优点是具有较大的灵活性，便于增减条目以及调整其顺序，还可利用一次著录的结果，编制不同的检索工具。但体积大，不便管理，不便传递与交流，成本较高。

（2）书本式检索工具。将著录条目按顺序排列并装订成册的检索工具。其优点是体积小，便于管理，便于馆际间情报交流，编排紧凑，成本低廉，是我国档案界长期以来占主导地位的检索工具。但它缺乏灵活性，不能及时增减条目和调整顺序，不能完整反映馆藏档案，因此受到卡片式检索工具的严重挑战。

（3）缩微式检索工具。用缩微摄影方式制作的以胶片为载体的检索工具。其主要优点是体积小，节约空间，便于携带和交流，便于长期保存和使用。但它是在书本式或卡片式检索工具的基础上形成的，需借助阅读器或电子计算机阅读查找，且不便增减条目，只适用于永久性保存的档案。

（4）机读式检索工具。以磁带、磁盘、磁鼓等磁性材料为载体的供计算机识别的检索工具。其优点是存储密度高，检索扫描速度快，可进行多途径检索。

3.按内容范围不同划分

（1）综合性检索工具。以一个或若干个档案馆的全部档案或以一全宗的档案为检索和介绍对象的检索工具，如全宗文件目录、分类目录、全宗指南、综合性联合目录等。

（2）专题性检索工具。以有关某一专题的档案为对象的检索工具，如专题目录、专题指南、专题性联合目录等。

4.按功能不同划分

（1）馆藏性检索工具。反映档案实体整理体系及其相互关系的检索工具，如全宗目录，卷内文件目录、案卷目录等。其功能是固定和反映档案整理顺序，可借助它了解、分析馆藏情况，便于按档案整理顺序查找档案。但其目录组织方式受档案整理体系限制，检索途径单一，一般不能超出全宗范围，检索深度较浅。

（2）查检性检索工具。它是从档案的某一内容或形式特征提供检索途径的检索工具，如分类目录、主题目录、专题目录、人名索引、文号索引等。其主要功能特点是不受档案整理顺序的限制，可以打破全宗的界限进行检索，能提供多种检索途径，选择任意的检索深度。

（3）介绍性检索工具。它是介绍和报道档案内容及其有关情况的检索工具，如专题指南、全宗指南、档案馆指南等。其特点是能全面、概括地介绍档案的情况，发挥宣传报道作用，向利用者提供一定的档案线索。但由于介绍性检索工具不仅记录档案文件的检索标识，不建立排检项目，借助它不能直接获得档案文件，只能算是间接性的检索工具。

上述各种类型的检索工具并不是每个档案机构都须配备，各档案馆（室）应根据本单位档案的特点以及检索的具体要求来确定编制哪些检索工具。要注意检索工具种类的多样化，提供多途径检索，满足利用者的不同需要。

（二）不同档案检索工具的编制

1.馆藏性检索工具

（1）卷内文件目录。卷内文件目录是以案卷为单位，系统登录卷内文件的题名及其他特征并固定其排列顺序的检索工具。卷内文件登录的内容一般包括：顺序号、文号、责任者、题名、日期、页号、备注。卷内文件目录能够固定文件在案卷中的具体位置，巩固档案实体系统整理的成果，而且能够反映卷内文件的基本情况，是检索具体档案文件的重要工具。

（2）案卷目录。案卷目录是在档案实体整理过程中，对案卷进行排列与编号以后，将案卷号、案卷题名及其他特征进行系统登记的检索工具。案卷目录表是案卷目录的主体，案卷目录表的基本项目包括：案卷号、案卷标题、案卷起止日期、卷内文件页数、保管期限和备注等。案卷目录的主要作用是：固定全宗内档案分类体系和案卷排列次序，反映和巩固档案整理工作成果；揭示全宗内档案内容与成分，是查找、利用档案的基本检索工具；是案卷清册和总账，便于档案的统计和安全保管。

（3）案卷文件目录（全引目录）。案卷文件目录，是以全宗为单位，将案卷目录与卷内文件目录相结合按一定次序编排而成的一种档案目录。它既能够揭示全宗内的案卷信息，也能够全面反映每一案卷内的文件信息，兼有案卷目录和卷内文件目录的双重功能，所以又称为全引目录。编制案卷文件目录的方法：将案卷目录和卷内文件目录依次打印，复印剪贴后装订成册或者利用计算机技术进行编辑整合。

2.查检性检索工具

（1）分类目录。

档案分类目录是按档案分类法组织起来的，揭示全部（或主要部分）馆藏内容与成分的一种综合性检索工具。它打破了全宗的界限，不受档案实体整理体系的束缚，提供从档案内容入手检索档案的途径，是档案工作人员从事业务工作和利用者查找档案的不可缺少的工具。分类目录还可作为一种基本检索工具，派生出各种专题目录、重要文件目录等，向外报道馆藏，满足利用者的特定需求。分类目录的编制包括条目的排列、参照卡和导卡的设置、字顺类目索引的编制。

①条目的排列：将已经著录的条目按分类号的顺序排列起来，对同一类号的条目再按时间顺序、题名、责任者字顺等其他特征排列。

②参照卡是用于揭示类目间的相互关系，指引利用者准确找到所需的档案。导卡也称指引卡，是一种上端有耳状突出的卡片，用于揭示分类目录的结构及其逻辑体系，指导人们在目录内迅速准确地查到所需的档案卡片。一般可在每一类前放一张概括本类内容的导卡，在耳状突出处标明类号及类目名称，其下注明该类直接下位类类号及类目名称。

③字顺类目索引：将分类目录的类目按字顺排列起来，提供从字顺主题入

手查找档案的途径，提高分类目录的利用效率。其编制方法如下：a 对类名进行规范化处理，将之转化为标题形式；b 补充分类表中未列的概念，如类名同义词、表中未收的新学科、新事物或其他重要概念等；c 编制索引款目，对两个或两个以上主题的类目分别编制款目；d 对某些款目词实行轮排，使同族概念集中，并提供多条检索途径；e 将所有的索引款目按字顺排列。

（2）主题目录。

档案主题目录是根据档案主题法的原理，按档案主题词的字顺组织起来的目录。主题目录不受全宗和分类体系的限制，直接从事物出发按字顺查找所需档案，灵活性强，便于进行特性检索，但系统性不如分类目录。其编制步骤包括：标题形式的选择、主标题与副标题的确定、著录卡片按字顺排列、参照卡的设置。

（3）专题目录。

档案专题目录是集中揭示有关某一个专题档案内容的检索工具。它不受全宗的限制，有利于在全馆范围内按照专题查找档案，对于科学研究及解决专门问题有很大帮助。其编制步骤包括：选题、选材、著录、排列。

（4）人名索引。

人名索引是揭示档案中所涉及的人物并指明其出处的一种检索工具，可分为综合性人名索引和专题性人名索引两种。综合性人名索引是将馆藏档案中涉及的全部人名编制成索引；专题性人名索引是按某一专题范围编制人名索引，即选择若干比较常用的专题来编制人名索引。一般来说，专题性人名索引利用率较高，且编制工作量不大，对一般档案部门都是适宜的，可以满足大多数从人名入手查找档案的利用要求；而综合性人名索引编制工作量大，且并非档案中涉及的任何人名都有检索意义，所以，往往只用于人事档案、诉讼档案等，对普通档案不太适宜。

在编制人名索引时，应对一人多名的情况加以处理，在一个人的真实姓名、字号、别名、笔名、艺名等之间建立参照，将同一人的档案材料集中一处，避免漏检、误检。人名索引可参照《中国档案主题词表》所附人名表编制。

人名索引分人名和档号两部分，将人名引向所在档案的档号，即可查到记载某一人物的各种档案材料。人名索引可按人名字顺排列，有笔画笔形法、音序法等。

（5）地名索引。

地名索引是揭示档案中所涉及的地名并指明其出处的一种检索工具。地名索引可以为从地区角度入手查找档案的利用者提供档案线索。尤其是对利用档案编史修志者十分有用。地名索引比较适用于涉及地区范围较广的地质档案、农业档案、气象档案、测绘档案等。

在编制地名索引时，应弄清楚各地区在行政区划、名称等方面的沿革，在原用名和现用名之间建立参照，将同一地区的档案材料集中一处。

地名索引包括地名和档号两部分，必要时应加上注释，将地名引向所在档案的档号，即可查到记载该地区情况的各种档案材料。

3. 介绍性检索工具

（1）全宗指南。

全宗指南是对一个全宗的档案的形成历史、内容范围、成分、数量等各个方面以文章叙述的形式所做的全面介绍。可分为组织全宗指南、个人全宗指南、联合全宗指南等，其中，组织全宗指南占绝大多数。

全宗指南的结构：由立档单位和全宗历史概况、全宗内档案情况简介、全宗内档案内容和成分介绍、辅助工具等组成。

立档单位和全宗历史概况。包括全宗构成者名称、时间、主要职能、隶属关系、全宗构成者主要负责人名录、内部机构设置及其各历史阶段演变情况等内容。

全宗内档案情况简介。全宗内档案的数量及保管期限、档案的完整程度、档案的利用价值及鉴定情况、检索工具的配置情况、档案的整理情况。

全宗内档案内容和成分介绍。文章叙述的形式，按全宗内档案的实际分类体系结合问题介绍。主要介绍档案来源（责任者）、内容、形式（种类、制成材料等）、形成时间、可靠程度、查考价值等。这是全宗指南的主体部分。可以采用详简结合的方法，根据全宗内档案的重要程度和实际需要进行介绍。

辅助工具。包括目次、机关简称表、人名索引、地名索引等。

（2）档案馆指南。

档案馆指南是对一个档案馆的概况及其全部馆藏以文章叙述方式所做的概略介绍。它是档案馆对其收藏和服务情况进行宣传和报道的重要工具。

详细的档案馆指南包括序言、档案馆概况、馆藏档案情况介绍、馆藏资料介绍、索引、附录等组成部分。

（3）专题指南。

专题指南是以文章叙述的方式，按一定专题对档案机构收藏的有关该专题的全部档案材料所做的综合介绍。专题指南在选题选材上与专题目录相同，在档案内容成分的介绍方式上类似全宗指南。专题指南一般由序言、目次、档案材料内容简介、索引、附录等部分组成。

档案馆（室）应建立科学合理的档案检索工具体系，达到如下基本要求：具有一定数量的功能不同的检索工具、检索工具与利用需求相适应、正确处理各种检索工具的联系与分工、在检索工具的编制中应推行标准化。

（三）计算机档案检索系统

计算机档案检索系统是以电子计算机作为检索设备，将档案信息以二进制代码的形式记录在磁性载体上，由计算机检索软件进行控制，对输入的档案信息自动进行存储、加工、检索、输出、统计等操作的一种信息检索系统。计算机检索系统与手工检索系统相比，检索速度快、存储量大、检索途径多、检索效率高。

1.计算机档案检索系统的类型划分

（1）按数据库的性质，分为目录检索系统、事实与数值检索系统、全文检索系统。

目录检索系统存储的是经过加工的档案目录信息，检索结果是符合检索要求的档案线索。目录信息检索系统目前在档案计算机检索系统中占绝大多数，它是发展最早，应用最广泛的检索系统。

事实与数值信息检索系统存储的是档案中所包含的各种事实或数据，它对档案材料进行了更高层次的情报加工，输出的检索结果为用户可直接利用的事实和数据。这种检索系统有逐渐增多的趋势。

全文检索系统存储的是机读化的档案全文信息，通过这种检索系统可以检索档案原文中的任何一个字、句、段、节等，也可直接输出档案全文。

（2）按检索方式，分为脱机检索系统、联机检索系统。

脱机检索系统是将用户的检索提问集中起来，由系统操作人员统一输入，统一查找，再把检索结果打印出来分发给用户。这种检索系统的用户不能直接参与检索过程，需要较长时间才能获得检索结果，适于那些不需立即获得结果但要求较高检全率的检索要求。

联机检索系统是以人－机对话的方式，通过计算机终端和通信线路由检索人员直接对档案数据库进行检索。用户可以随时查找所需的档案信息，并能马上获得检索结果，还可随时修改检索提问，直到获得满意的结果为止。

（3）按服务方式，分为定题检索系统和追溯检索系统。

定题检索系统是将用户提出的检索要求编成逻辑提问式输入计算机里，组成提问文件存储在磁盘上，每隔一定时间对数据库中新收入的档案信息进行检索，并按一定的格式打印输出给用户。定题检索服务一般是以脱机方式进行的。

追溯检索系统是根据用户的检索要求，对数据库中积累的档案材料进行专题检索，可以普查若干年内与检索课题有关的所有材料，其检索可追溯到档案数据库所能提供的年代。

（4）按检索语言，分为受控语言检索系统和自然语言检索系统。

受控语言检索系统是采用分类表、词表等规范化的检索语言对标引和检索所用的词汇进行控制，检索时需通过分类表、词表将标引用语和检索用语进行相符性比较。

自然语言检索系统是直接采用自然语言存储检索档案信息，能够方便标引和检索，但要以计算机检索技术的高度发展为前提。

2. 计算机档案信息检索系统的构成部分

计算机档案信息检索系统由档案数据库、计算机硬件、计算机软件三大部分构成。

（1）档案数据库是将一系列档案文献条目用二进制代码的形式，记录在磁带、磁盘或光盘上，以便让计算机"阅读"理解和运算，其内容与普通的检索工具基本一致，但为了便于计算机判断和处理，在条目中增加了指示符、分隔符、结束符等标志，并记明了各个著录项目以及整个条目的长度与地址。有时，为了提高检索效率，计算机还需对目录数据库作进一步加工，排成各种索引文档。一个计算机检索系统包含若干种文档。

（2）计算机硬件，指计算机及外部设备，它是进行信息存储、运算、输入、输出的实体。计算机的选型，应根据馆藏量、系统规模及检索功能的要求来决定。在配置硬件时应考虑各种设备的兼容性、处理速度与处理能力、可靠性与适应性等，既要考虑目前的需要，又要着眼于将来的发展。

（3）计算机软件，指控制计算机各种作业的一系列指令，没有这些指令，计算机就不能运行。目前市场上出售的软件较多，先要配齐有关的系统软件，应用软件可以购买，也可以自己研制开发。由于档案种类的多样性，内容的复杂性以及档案管理、利用的特殊性，要求档案检索系统的软件开发须从档案的特点以及档案工作实际出发，进行系统分析和设计，不能完全搬用情报检索系统的软件。应加强档案通用软件的开发，既可节省人力、物力、财力，又能帮助那些缺乏技术条件的单位尽早开展计算机检索工作。

（四）档案检索策略、方法及效率

所谓检索策略，是在弄清楚用户情报需求的前提下，选择检索途径、检索用词、构建检索表达式、明确检索步骤的科学安排。检索策略对检索效果有很大影响，检索策略制订得好，不仅可达到较高的检全率和检准率，还可以提高检索速度、缩短检索时间，降低检索费用。尤其是对计算机检索而言，制订周密的检索策略是检索得以成功的关键。档案检索方法可借鉴情报检索的一般方法和技术。档案检索效率可用五个方面来衡量：全、准、快、便、省。其中，检全率和检准率是评价检索效率最常用的两个指标。

1.档案检索策略的构造与调节

（1）检索提问分析。

检索提问是用户实际表达出来的检索要求，也称情报提问。档案检索提问分析是对档案检索课题所做的主题分析，目的是弄清用户真正的检索要求，以便确定检索对象和检索范围，它是制订档案信息检索策略的首要步骤。

档案检索提问分析包括以下内容：

检索目的：是为了查证某一事实，还是为了研究某一问题。

检索对象：是检索档案中包含的信息，还是检索某一特定的档案。

检索范围：检索哪种类型、时间、地区和专业范围的档案材料。

现有档案线索：如立档单位的名称、职能、沿革、检索对象的时间、地点、档案责任者、文号、图号，相关联的人物、机构、事件等。掌握的线索越多，越有利于检索的进行。

（2）档案检索策略的构造。

①检索途径的选择。根据用户的检索提问选择合适的检索途径，决定检索人

口。对某一特定的检索要求选择什么检索途径，决定于用户对档案线索的掌握程度及检索系统的设置情况。对于手工检索来说，检索途径的选择就是决定采用哪种检索工具进行检索，可以是分类目录，也可以是主题目录；可以是题名目录，也可以是文号索引，等等。而对计算机检索系统来说，则包括对数据库的选择及检索项目的确定。检索项目包括待检数据库中各种规范化代码如分类号、产品代码、国家或地区代码、机构名称代码等，以及表示主题概念的检索词。在计算机检索中，检索词是各种档案数据库中不可缺少的基本检索项目。检索词包括主题词和自由词，一般总是优先选择主题词作为最基本的检索项目，因此在计算机检索中，主题检索途径是主要的检索途径。

②检索标识的选定。选择好检索途径后，即可根据分类表或词表，将表达用户提问的主题概念转换成检索标识。所选择的检索标识适当与否取决于对检索提问进行主题分析的正确性和全面性以及标引的准确性、专指性。在这里，检索标识的选定对检索网络度和专指度有很大影响。检索网络度是指检索标识网络检索课题主题概念的范围和程度，网络度高，检全率就高。检索专指度是指检索标识表达检索课题的主题内容的确切程度，专指度越高，检准率就越高。为了达到较高的网络度和专指度，就要对检索课题进行深度标引，这意味着要用更多的检索标识来更全面、更具体地标引检索课题的主题概念。具体来说，要优先选择专指的主题词，另外可选用适当的自由词配合检索。需要说明的是，使用自由词可达到较高的专指度，可以及时反映新概念，灵活性强，但自由词缺乏词汇控制，增加了检索难度，因此，自由词的选用是有一定限制的。

③检索式的拟定。根据检索课题的主题内容选定了检索标识后，就可以用布尔逻辑算符和一些检索指令将检索提问中各有关概念之间的关系表达为布尔逻辑检索式。检索式是检索策略的具体表现形式，它是对检索提问的逻辑表达，也称检索提问表达式。

检索式中常用的布尔逻辑算符有：逻辑与（或称逻辑乘、逻辑积），符号"*"；逻辑和（或称逻辑加），符号"+"；逻辑非，符号"−"。检索指令是表示计算机能够执行的各种运算关系的标记和符号，不同的计算机检索系统有各自的检索指令。不管用户的检索提问多么复杂，都可以用布尔逻辑的原理，使用概念组配的方法，转化成布尔逻辑检索式。例如，对"外国铁路拱式钢桥"之一检索提问，可编制如下检索式：

（铁路桥＊拱式桥＊钢桥）＊$\overline{中国}$

检索式编制的好坏，直接关系到检索效果。检索式的拟定有一定的技巧，其基本要求是：a 应完整而准确地反映出检索提问的主题内容。b 应遵守待检数据库的检索用词规则。c 应符合检索系统的功能及限制条件的规定。d 应遵守概念组配原则，避免越级组配。e 注意检索式的精练，能化简的检索式尽量化简。

④档案检索策略的调节。档案信息检索过程比较复杂，由于种种原因，检索结果往往不能满足检索要求而出现一些偏差，这就需要及时修改和调整检索策略，进行反馈检索，以达到既定的检索目标。

一般来说，需要进行反馈检索的课题有两种类型：一是未达到检索目标，或用户又在原来检索的基础上提出了进一步的检索要求；二是由于构造检索策略不当所造成的检索失误。不管是哪种情况的反馈检索，都要对用户提问和检索结果进行深入分析，在原有的检索基础上进一步扩大或缩小检索范围。可通过下列方法调节检索策略：a 调整检索式，扩大或缩小检索范围。b 增加检索途径。c 利用概念等级树扩检或缩检。d 采用截词检索、加权检索、精确检索等方法进行检索。

需要指出的是，由于检全率和检准率之间存在着相互制约现象，提高检全率常常会降低检准率，而检准率的提高又可能导致检全率的降低，因此，在构造和调整检索策略时，应深入分析用户检索提问的实质及需求范围，以达到理想的检索效率。

2. 档案检索方法及技术

（1）加权检索。

所谓加权检索，就是在检索时，给每个检索词一个表示其重要程度的数值（即所谓"权"），对含有这些检索词的档案进行加权计算，其和在规定的数值（阈值）之上者作为检索结果输出。权值的大小可以表示被检出档案的切题程度。加权检索可对检出档案材料进行相关性排序输出，也可根据检准率的要求进行灵活的分等级输出，输出时按权值大小排列，只打印权值超过阈值的相关文献。

检索词的权值是按照提问者的需要给的。例如，有一个检索课题是关于环境污染防治的，可分别给检索词一定的权数。

环境	40
污染	40
防治	50

检索时，检出一系列有关档案材料，按权值递减排列如下：

权值

130=40+40+50	环境污染防治
80=40+40	环境污染
90=40+50	污染防治

若指定权值大于或等于 90 的为命中文献（90 为阈值），则只有有关环境污染防治和污染防治的档案材料被打印输出。

（2）截词检索。

所谓截词检索，就是用截词符对检索词进行截断，让计算机按照检索词的部分片段同索引词进行对比，以提供族性检索的功能。截词检索主要用于西文文献的检索中。

截词检索可采用右截断（前方一致）、左截断（后方一致）、左右同时截断（中间一致）三种方法。

①前方一致。对检索词的词尾部分截断，右截断在计算机检索中广泛应用，这种方法可以省去键入各种词尾有变化的检索词的麻烦，有助于提高检全率。例如，键入检索词 Computer+（"+"为截断符号）可以检索出任何以 Computer 为开头检索词的文献，如 Computers，Computerize 等。

②后方一致。把截断符号放在字根的左边，如 + Computer，那么计算机在进行匹配时，索引词 Minicomputer，Microcomputer 等均算命中。

③中间一致。将字根左右词头、词尾部分同时截断，例如：+ Computer+，可以命中包含该字根的所有索引词，如 Minicomputer，Microcomputer，Computers，Minicomputers，等等。这种左右同时截断的方法，在检索较广泛的课题材料时比较有用，可获得较高的检全率。

（3）限定检索。

限定检索主要采用字段检索方式，即将检索限制在某一特定的字段范围内，以提高检准率。例如："环境保护（LA）"是对语种进行限定，括号内的"LA"表示语言，意指该检索词只在语言字段进行检索。除此之外，还可对文献类型、作者、国别、出版年、数据库更新时间等字段进行限定。

（4）全文检索技术。

档案全文检索，又称档案原文存储与检索，是借助于光盘存储器与缩微设备联机实现的一种档案检索方式。我国自从沈阳市档案馆于 1991 年最早开始光盘原文存储与检索的应用研究以来，档案全文检索已经逐渐由实验向实用化发展。

全文检索系统采用自然检索语言，大大提高了检准率和系统的易用性，但却导致检全率的降低，而后控词表是解决此问题的有效途径。后控词表综合了自然语言和常规的受控语言的长处，对于提高全文检索系统的检索效率有着非常重要的作用。

（5）多媒体存储与检索技术。

多媒体存储与检索技术是指将文本、数值、图形、图像、声音等多种类型的档案信息进行综合处理的技术。迄今为止，已有不少多媒体档案检索系统问世。

实际上，目前的多媒体系统大多数是将图与声压缩后当成一个文件甚至一个记录存储到计算机中，使用时即可与文本信息一样地使用，并且借助于附加在图形或声音旁的标引信息（如现在的图像信息常附有一个关键词）来实现对图形与声音的检索。而对图和声的直接检索则是今后发展的方向。

多媒体存储与检索技术能够使用户方便、直观、迅速地获得全方位的档案信息，保证了档案信息的完整性与准确性。本地区、本部门举行的重大活动，召开的重要会议等实况录像、录音均可录入计算机供随时调用，体现了档案的原始记录性。

（6）智能检索技术。

档案智能检索技术是应用人工智能技术模拟档案检索的过程，实现档案信息的存储、检索和推理的一种先进的档案检索技术。从国防科工委档案馆等单位研制的实验性的智能化系统来看，这种智能检索系统可以部分实现自然语言检索，提高检全率和检准率，代表了档案检索系统的发展方向。

3. 档案检索效率分析

档案检索效率是评价一个检索系统的重要指标，主要用检全率和检准率来衡量。检全率是在一次检索中检出的与课题相关的命中记录数与系统中与该课题有关的全部记录数的比例，检准率是检出的与课题相关的命中记录数与检出的所有记录数之比。与检全率和检准率相关的是漏检率和误检率。如果用 a、b、c、d 分别表示检准的档案、误检的档案、漏检的档案和无关的档案，那么检全率、漏检率、检准率、误检率的计算公式如下：

$$\text{检全率} = \frac{a}{a+c} \times 100\%$$

$$\text{漏检率} = \frac{c}{a+c} \times 100\%$$

$$\text{检准率} = \frac{a}{a+b} \times 100\%$$

$$\text{误检率} = \frac{b}{a+b} \times 100\%$$

档案检索系统应保持较高的检全率和检准率。但需要指出的是，检全率与检准率之间存在相互制约的关系，提高检全率往往会使检准率下降，提高检准率又会使检全率下降。因此，应根据检索目的，选择检全率与检准率之间的一个最优比。

第四节　档案编研、保管与利用

一、档案编研工作

档案编研工作，是指档案馆（室）以所藏档案为基础，根据用户的利用需求对档案信息进行研究和加工，编辑各种类型的档案的活动。

（一）档案编研工作的内容

档案编研工作的具体内容有以下方面：

（1）编辑档案史料和现行文件汇编。这项工作也被称为档案文献编纂。该项工作的成果具有原始性、系统性和易读性等特点，工作成果备受读者青睐。

（2）编辑档案文摘汇编。这是对档案原文的缩编，相当于档案二次文献，具有灵活、简便、及时的特点。

（3）编写档案参考资料。它以综合加工编写的作品提供利用。

（4）编史修志。我国历来的档案工作中，都有从事历史研究这一任务。古代的档案工作者往往同时也是历史学者，编纂朝代历史和编修地方志是常有的事。

（二）档案编研工作的类型

按照对档案信息进行加工的性质和层次可将档案编研工作分为以下三类：

（1）抄纂。抄纂是按照一定的专题对档案文献进行收集、筛选、转录、校勘、标点、标目、编排和评价，并以书册形式或在报刊发表形式向读者提供真实、准确、可靠的档案原文。

（2）编述。编述是在可以凭借的资料基础上加以提炼制作，用新的体例改编成为另一种形式的书籍。编述有两种形式：一是编写档案文献报道资料，主要指档案馆指南、专题指南、全宗指南、档案文摘等；二是编写档案文献撰述型资料，指根据档案文献所记录的史实记忆提炼综合编写的大事记、组织沿革、基础数字汇集、专题概要、年鉴、手册等资料书和工具书。

（3）著述。著述，是指以馆（室）藏档案为基础，参加历史研究和编史修志，撰写历史文化读物、爱国主义教材和其他专门文章与著作等。

（三）档案编研工作的重要意义

档案编研工作对整个档案工作具有重要的意义。其具体反映在以下方面：

第一，有利于更好地为社会提供档案利用。档案编研工作是主动地、系统地、广泛地提供档案利用的一个有效方式。因为档案工作人员把具有研究价值和实用价值的档案信息编辑、加工后，推荐、分发给有关人员使用或公开出版，是一种主动服务方式；而将特定题目的档案文件或档案信息集中、系统化，可以在很大程度上使利用者的查找时间和精力得以节省。此外，档案编研成果更利于传播，使馆外利用、异地利用成为可能。这些都说明，档案编研工作有利于更好地为社会提供档案利用。

第二，有利于提高档案馆（室）的工作水平。首先，开展档案编研工作，档案馆（室）一般都会先进行档案的收集与整理等工作。这些基础工作往往又能够对档案馆（室）的整个工作起到全面检验的作用。其次，档案编研工作对档案工作人员的要求较高，其需要具备较高的知识水平、研究能力以及专业素养，因此不断开展编研工作又能够促进档案工作人员工作水平的提高。最后，档案编研工作能够向社会各界和本机关提供系统的档案信息服务，这有助于档案馆（室）扩大档案工作的影响，获得更多的社会支持。

第三，有利于保护档案原件和流传档案史料。开展档案馆（室）的编研工作，编写参考资料和汇编档案史料，能够大大地减少这些资料和史料的损坏和流失，有利于档案原件较为长久地保留下来。将档案文件汇编出版，更是相当于为有关档案制作了大量副本，分存于各处。可见，档案编研工作有利于保护档案原件和流传档案史料。

（四）档案编研工作的一般要求

档案编研工作自身的特性决定了其是一项非常严肃认真的工作，需要编研人员有高度的政治责任心和实事求是的科学态度。具体的工作中，更是应当掌握以下一些要求：

第一，保持史料上的真实性。档案编研过程中选用的档案史料必须客观、真实，能准确地反映历史事实。要想使编研成果的质量经得起历史考验，就必须重视其真实性。对于一些档案材料，不知道是否真实，就不加考证地盲目使用，必然是以讹传讹，最后导致难以想象的后果。因此，档案编研工作中的一个重要任务就是——核实考证档案材料，在搜集素材、编辑加工、材料审核等各个环节都要做细致的去伪存真的分析研究，保留真实可靠的材料，切不可任由不真实的材料流传下去。同时，编研人员也要注意在任何情况下不能主观地歪曲、篡改档案事实。

第二，保持政治上的正确性。档案编研工作不可避免地会带有一定的政治倾向。这是一个不争的事实。档案编研成果以档案为基础编辑或编写，带有一定的权威性，利用者往往会作为依据性材料加以使用。这就要求编研人员要将辩证唯物主义和历史唯物主义的思想方法贯穿在选题、选材乃至加工、编写的每一个环节中，使编研结果反映历史的真实面貌。

第三，保持内容上的充实性和条理性。档案编研成果的内容是否充实与有条理往往决定着其在使用中的受欢迎和受重视的程度。如果一个编研成果内容丰富、材料充实，能完整地反映有关事物的发生、发展、变化和终结的全部过程，利用者使用起来得心应手，也就必然会受到欢迎。反之，如果材料零零散散、混乱不堪或不能反映事物的全貌，利用者就会感到不满足，编研工作也就没有达到预期目的。所以，编研人员要注意在编研过程中将与题目有关的档案材料收集齐全，尽量选用其中能反映一个事物发生、发展、变化、终结全过程的完整材料。

第四，保持体例上的规范性与系统性。档案编研是开发档案资源的一项高难度文化工程，所以难以脱离科学化与规范化的轨道。档案编研工作要遵守一定的规范要求，怎样的编研产品，就有怎样的编写规范，不可随意。体例，即档案成果的编写格式或组织形式。档案成果在体例上要有一定的规范性与系统性，也就是说在内容上要条理系统，上下联系，合乎逻辑；在编排上要科学划分章节，结构严谨，自成体系。

二、档案保管工作

档案保管工作是指根据档案的类型、成分和状况，对其进行入库存放、库房管理及采取安全防护措施。档案保管工作的目的是维护档案的完整与安全，尽量避免和减少因自然因素和人为因素给档案带来的损害，延长档案的寿命，为档案工作奠定物质基础。

（一）档案保管工作的基本内容

1. 入库存放

档案在库房中以全宗为单位进行排列。但一些特殊载体和类型的档案，如照片、影片、录音档案、录像档案、科技档案以及会计档案等，应该分别保管。为了保持同一全宗内文件之间的历史联系，应该在全宗指南、案卷目录等检索工具中对此加以说明，并在全宗末尾放置全宗保管位置参见卡，指明存放地点。纸质档案在装具中的存放方式有竖放和平放两种。竖放时案卷脊背朝外，可以直接看到卷脊上的档号，便于调卷。平放的方法虽然不便取放但对保护档案有利，适合于保管珍贵档案和不宜竖放的档案，如底图。

2. 库房管理

档案的库房管理工作内容主要包括：档案库房编号、档案装具的排列和编号、全宗的排列和档案上架、档案存放秩序的管理。

3. 利用过程中的保护

主要包括：建立档案使用登记和交接制度、对档案利用行为的规范和限制、对档案利用方式和利用场所的限制、对重要档案的保护性措施。

4.安全防护和应急管理

主要包括：建立人员进出库制度、库房温湿度的控制、库房的"八防"措施、库房检查和清点、档案工作突发事件应急管理机制。

（二）档案保管工作的任务与要求

1.档案保管工作的根本任务

档案保管工作的根本任务是维护档案的完整与安全，捍卫档案的真实性。具体体现为建立档案的入库存放制度和库房管理制度，采取各种有效措施，使各种载体档案保持稳定、良好的理化状态，延长档案的寿命。尤其是对于大量产生的电子档案还需要采取特殊的保管措施，以维护其载体和内容的安全性。

2.档案保管工作的基本要求

档案保管的基本要求如下：

（1）建立科学的档案管理制度，实现档案保管的规范化和标准化。

（2）配置适宜安全保存档案的专门库房，配备防盗、防火、防渍、防有害生物的必要设施。

（3）档案实行分等级管理。对于永久保存的档案应进一步明确保管的等级，根据档案的不同等级，采取有效措施，加以保护和管理。

（4）根据需要和可能，配备适应档案现代化管理需要的技术设备。

三、档案利用工作

档案利用工作又称档案提供利用工作，是指档案部门以馆（室）藏档案资源为依据，通过一定的方式与方法，直接提供档案信息，为社会各项事业服务的一项工作。

档案人员应树立良好的服务观念，分析预测不同的利用者不同时期的利用需求，掌握利用工作规律，熟悉馆（室）藏内容，并为利用者提供必要的设备和条件。

（一）档案利用工作的意义与要求

1.档案利用工作的意义

档案利用工作的意义，主要表现：①档案利用工作是发挥档案作用、实现档案价值的主渠道，是档案工作为社会主义现代化建设服务的直接手段。②档案利用工作是档案工作联系社会的一个窗口。③推动档案基础业务建设，提高档案工作水平。④促进档案工作人员业务进修学习，提高档案干部队伍素质和工作能力①。

2. 档案利用工作的基本要求

档案利用工作的基本要求是档案馆（室）应当为档案的利用创造条件，简化手续，提供方便，主动开展档案的利用活动，及时掌握档案的利用效果，加大宣传力度。具体要求包括：①档案工作者要不断提高自身的素质，主动、及时开展档案利用工作。②不断完善档案服务方式和手段。③掌握本单位、本地区近期的重点工作、重大活动，据此开展档案利用工作。④加强档案的宣传力度，增强全社会的档案意识，促进利用。

（二）档案提供利用的方法

1. 档案阅览服务

档案阅览服务，是指档案馆（室）设立专门阅览场所，为利用者提供档案服务的一种基本方式。阅览室的设置应该以宽敞、明亮、舒适、安静、安全为基本要求。一般应配有必要的利用设施和相应的参考工具。阅览室还必须制定阅览制度，作为利用者共同遵守的行为规范。

2. 档案外借

档案外借服务，是指档案馆（室）按照一定制度和手续，暂时将档案借出馆（室）外使用的一种服务方式。这是一种需要严格控制的档案借阅形式。

对外借的档案必须制定与执行严格的规章制度。首先，要履行一定的审批手续，进行必要的登记签字；其次，要控制借阅的期限和数量，严格催还和续借制度，避免因外借时间过长致使档案损毁；最后，对归还的档案应完善归还注销、清点检查制度，确保外借档案安全、完整地收回。

3. 制发档案复制本

制发档案复制本，是指档案馆（室）根据档案用户的合理需要，以档案原件为依据，通过复制、摘录等手段，向档案用户提供档案复制品的一种服务方式。

---

① 杨春媛. 论档案保管与档案利用 [J]. 兰台世界，2012：66-67.

所谓副本，是指能反映档案原件的所有组成部分；而摘录，是指只选取原件的某部分内容。复制方法主要有：复印、手抄、打字、印刷以及摄影等。

在制发档案复制品时，对复制珍贵及易损档案应严格控制，复制应履行一定的审批手续，对制发范围和审批权限等应作出明确规定。为确保档案复制本的真实性，应在档案文件空白处或背面注明档案保管单位名称、档案原件编号，必要时，还要加盖公章以示负责。

4. 档案证明

档案证明是指档案馆（室）根据机关、团体、企事业单位或个人的申请，为证实某一事实在馆（室）藏档案内有无记载以及如何记载而出具的书面证明材料。

制发档案证明是一项政治性、政策性很强的工作，要求较高。首先，档案部门要认真地审查利用者的申请书或介绍信，明确利用目的、用途以及所要证明的内容范围；其次，出具档案证明必须坚持实事求是的原则，应根据可靠的档案原件或副本、抄本进行准确、明了的编写，经认真校核并确认无误后，加盖公章方能生效。在档案证明上还应注明有关材料的出处及编写方法；最后，制发档案证明的编写方法，要以引述和节录档案原文为主。档案馆（室）不同于国家公证机关，它所制发的档案证明仅仅是向有关利用者证明某种事实在馆藏中有无记载及其记载情况，必须保证表述准确、真实、客观，不能妄加总结和评价，或擅自对档案原文进行解释。

5. 档案咨询服务

档案咨询是档案馆（室）人员解答利用者提出的问题，指导利用者查阅档案信息的一项服务工作。咨询内容有事实性或知识性，咨询方式有电话、来人、来函等。咨询服务一般分为：接受咨询、咨询分析、查找档案、答复咨询、建立咨询档案等步骤。

6. 档案展览

档案展览，是档案馆（室）为配合各项工作的开展，按照一定主题，系统形象地展示与介绍馆（室）藏有关档案的内容、成分的一种提供利用方式。

在展出时，必须注意档案保护和保密工作。为了保护原件，展品一般宜用复制品展出机密的档案，需经领导批准和规定参观者的范围。

（三）档案利用的基本程序

1. 开放档案的利用

根据国家档案局关于《各级国家档案馆开放档案办法》的规定，各级国家档案馆对开放档案的利用程序作出了具体规定：

（1）我国公民和组织利用开放档案的程序。中华人民共和国公民持有身份证或工作证、介绍信，可直接到档案馆利用。

（2）港、澳、台同胞和华侨利用国内已开放档案的程序。港、澳、台同胞和华侨利用国内已开放档案，如查取本人及其亲属历史证明，可持本人回乡证或身份证等有效证件，直接到有关档案馆利用；利用其他开放档案，须经大陆邀请单位、合作单位或接待单位介绍，提前30天向国家档案局或有关档案馆提出申请，说明自己的身份和利用档案的目的与范围以及其他有关情况，并经保存该档案的档案馆同意，就可以利用已开放的档案。

（3）外国组织和个人利用我国已开放档案的程序。外国组织和个人利用已开放档案，须按照《档案法》及其《实施办法》以及国家档案局颁布的《外国组织和个人利用我国档案试行办法》的规定办理。凡已经我国有关主管部门的介绍和保存该档案的档案馆同意的，可以直接到各级国家档案馆阅览、复制摘录或以函、电等方式利用已开放的档案。这里的有关主管部门一般指的是我国负责外事工作的部门、外国组织或个人来华的接待单位的主管部门。

具体程序是：外国组织或个人根据与我国各级政府及其工作部门签订的有关文化交流协定利用我国各级国家档案馆的档案，可以通过签订协定的我国有关部门介绍，提前30天向有关档案馆提出申请。以其他途径利用中央级和省级国家档案馆的档案，可提前30天向国家档案局或有关省档案行政管理部门提出申请。申请利用者须说明自己的身份和利用目的与范围及其他相关情况。在利用过程中，须遵守档案馆的有关规定。

利用者到各级国家档案馆利用开放的档案，须服从档案馆的安排，遵守有关的各项规定，对违反者档案馆可视情况给予劝告或进行其他处置。利用中如损坏档案，档案馆可根据档案价值责令利用者进行赔偿，或给予其他处理。

2. 未开放档案的利用

对于保存在各级国家档案馆的未到法定开放期限或者按规定需要延期开放的

档案，利用者如果需要利用，根据《档案法》及其《实施办法》规定，应当符合以下条件：①利用主体必须是我国的国家机关、团体、企事业单位和其他组织以及公民个人。②利用目的是为经济建设、国防建设、教学科研和其他各项工作的需要。③须经保存该档案的档案馆同意，必要时还须由该档案馆报经同级档案行政管理部门审批同意。④遵守国家制定的有关利用未开放档案的规定。公民利用记载本人有关知识青年上山下乡、支援内地建设、婚姻登记、计划生育（独生子女）、学历、学籍、职称、获奖荣誉、离退休的证明性未开放档案，可以凭本人身份证到档案馆办理申请手续。

3.已向档案馆移交、捐赠、寄存档案的利用

《档案法》规定：向档案馆移交、捐赠、寄存档案的单位和个人，对其档案享有优先利用权，并可以对档案中不宜向社会开放的部分提出限制利用的意见，档案馆应当维护他们的合法权益。

根据上述规定，向档案馆移交、捐赠、寄存档案的单位和个人，在档案利用方面享有下列权利：第一，不论其档案的所有权归属如何，均有优先利用移交、捐赠、寄存档案的权利。第二，可以对移交、捐赠、寄存档案中不宜向社会开放的部分提出限制利用意见。第三，档案馆对寄存的档案，不得任意提供利用，如需提供利用，必须征得寄存者同意。

4.其他组织、单位档案的利用

机关、团体、企事业单位和其他组织的档案机构保存的档案，按照法定移交期限向有关国家档案馆移交。这些档案在移交进馆前，主要供本单位工作需要查考利用。本单位外的其他利用者如果需要利用，须经档案保存单位的同意。

第四章　博物馆档案管理与数字化创新

　　博物馆档案管理工作，是博物馆工作的重要组成部分。在网络信息时代环境下，出现了许多亟待研究和解决的新情况、新问题。博物馆档案管理工作，要努力适应博物馆的发展需要，逐步实现档案管理数字化，充分发挥博物馆档案工作特有的价值和社会功效。本章内容包括博物馆藏品档案管理、博物馆展览档案管理、博物馆人事档案管理、博物馆数字化档案管理。

第一节　博物馆藏品档案管理

一、博物馆藏品档案的主要特点

　　提及博物馆藏品档案，首先要从博物馆藏品的价值性角度来分析，众所周知，博物馆藏品的价值是国家认可与肯定的，文学价值上则划分为国家宝贵的文化财产。所以，藏品档案的管理，是博物馆管理业务工作存在的基础，是工作实施对象，其价值性极高，无论是在历史、艺术或是科学领域，藏品档案都具有极高的参考价值。另外，藏品档案层次分明，统一分为一、二、三级，藏品级别定位要严格按照国家级别标准，藏品档案也要严格按照藏品编号编排收藏，同时备注注明实际藏品要点，以便查对。藏品档案要遵循藏品计量单位：按国家公布的《统一公制计量单位中文名称方案》和《关于部分计量单位名称统一用字的通知》办理，尤其是针对一级藏品档案更加要侧重管理，保障保密性藏品、经济价值贵重的藏品档案的安全性。然后从博物馆的业务本质出发，保障具有历史价值实物的安全，表面上是针对旧的事物信息统计，添加到国家级的文件中心，更深一层的是对国家精神文化财富的管理，是对民族精髓的信息化的保护。最后，针对博物馆藏品档案的创新视角来看，其集中化的特点越来越显著，通过实践，管理部门的管理理念与职能越来越完善与全面，信息化技术的引进，无限扩大了档案管理部门的管理优势，实现藏品物品与档案信息管理的一体化，同时还为他们的管理体制提供了创新平台与极大的提升空间。

二、博物馆藏品档案的收集

（一）博物馆藏品的历史资料

对于藏品的历史资料在被考证的前提下，必须收入到博物馆藏品档案里，这一管理工作需要管理人员仔细核对进馆的文物、标本物品，保证历史资料的来源与求证后，注意管理搜集到的原始资料，科学记录，及时逐件填写入馆凭证或清册，一并交保管部门接收。然后，由鉴定小组进行鉴定分级，进行藏品档案的对号入座工作环节。凡是藏品的历史资料，要首先填写入藏凭证，及时登账、编目、入库，以防系统资料出现混乱情况，有必要的话还要进行装订成册，集中保存的方式，进行藏品历史资料的整合。

（二）鉴定记录

首先，把科学的鉴定记录收集到一起，通过正确的历史资料核实求证后，及时进行整理排面，交于相关人员存档保留。这里要提到鉴定小组必须由领导、业务人员和专家组成，严格履行自己的职责，负责任地对入馆文物、标本进行认真鉴选，科学系统地记录下来，把研究所得转变为文本形式。鉴定内容要包括对文物、标本确定真伪、年代、是否入藏并划分等级、鉴定意见等内容，如若在鉴定过程中出现分歧，也要进行重点批注，特例管理系统工程，整理出来进行专门的档案存档。

（三）藏品研究与著录资料

著录资料是藏品档案的重要内容，藏品研究制度要健全，担起博物馆保护、整理、研究藏品的职务，重视研究和著录资料的保管责任。另外，保管工作的基本要求，大概包括清晰统计账目的数据、选择法定科学的鉴定手段、进行合理详细的编目。管理人员也要认知到藏品研究与著录资料保管是博物馆一项重要工作，必须始终坚守岗位，刻苦钻研业务。

（四）藏品保护措施记录

藏品自入博物馆之后，物品与相关档案将长时间保留于此，期间藏品保护记录要定期更新检查，针对藏品的保护情况进行总结，或者随时接到政府指令，对藏品进行再制作，这些措施都要按照《国家藏品保护》的具体要求，完整地记录在保护措施记录中，保证与加强管理系统规划性与秩序井然。

（五）提供使用记录

由于各种原因，博物馆偶尔要调取藏品，提供给研究基本的活动资源，或处理无保存价值的文物或非文物，博物馆档案部门要清晰记录非库房管理人员和管理人员的调取情况。使用过程中，博物馆有责任要求使用人遵守安全操作规程，杜绝发生人为的损坏和沾污藏品等情况，一旦有损坏情况，则应该及时上报上级，并在使用记录上清晰记录。

（六）形象资料

关于藏品档案形象资料，要属实记录，尤其是对国家一级藏品，都要总结形象资料收入《一级藏品档案》和《一级藏品简目》，所有博物馆藏品形象资料应规定统一的记录格式，再上报省、市、自治区主管部门和国家文物事业管理局，确保档案管理机制的成功构建。

（七）藏品的其他资料

另外，藏品的其他资料也颇为重要，藏品的来源、出土时间、专家组建议保存注意事项，以及藏品的特殊情况和另外的重要附件等信息，都要妥善保留在档案中，尤其要注明"发掘""征购""交换""捐赠""旧藏"等信息，凡出土的革命文物要写清楚与使用者或保存者的关系。

三、博物馆藏品档案的整理

一方面，规范地建立档案。优化博物馆藏品档案管理，提高博物馆文物藏品档案管理工作的绩效，进行相关培训来提升管理意识和工作能力，规范藏品档案的整理。特别是在建档时，要保障博物馆代表性的具备文学、历史价值的物品，展示到观赏者面前，随后对该资料进行整理和收集，有效区分陈列展览档案与文物藏品资料档案，使归档更加规范化。要求管理人员积极主动学习《文物藏品精品汇编》，借助其中的内容来编写档案整理措施，提升藏品利用率与档案管理规范性。

另一方面，管理制度要健全。要健全管理制度，才能优化藏品档案的整理工作，首先培养文物藏品档案管理者的职业素养，然后提高健全相关管理规程，严格遵循博物馆档案管理基本要点。再者，博物馆藏品档案管理优势要发挥到最大，遵循统一领导的原则，详细填充建档内容信息，保障管理系统工程每一个环节都具备准确性和完整性，加强量化考核中文物档案管理工作指标的融入。

总之，随着科学技术的发展，新时代的挑战，博物馆藏品档案管理由最初的建立起步，到如今的全面发展，再延伸到未来的不断完善发展，规范化的管理制度经历了不断提升的发展阶段，对藏品档案所具有的价值存留与延续的历史使命提供了基本保障，具有深远的意义。

第二节　博物馆展览档案管理

举办展览是博物馆发挥社会效益的基本形式，在办展过程中会形成大量具有保存价值的资料，这些档案材料的内容十分丰富，包括展览筹办的申报审批材料、反映筹备工作的声像资料、馆内各部门配合展览开展工作形成的资料；展览展出时面向社会的宣传资料、反映社会公众参展的声像资料、媒体报道、观众意见与建议；办展结束后的总结资料等等。展览档案反映了展览筹办的全部过程，具有重要的研究和参考价值，对今后办展也有很强的借鉴作用，但目前博物馆普遍对展览档案的重要性缺乏足够认识，没有明确展览档案工作责任，没有实行档案集中统一管理，档案安全难以得到保证，档案作用发挥受到很大制约。

做好展览档案管理工作，可采取以下措施：

第一，建立展览档案管理工作机制。举办展览时，同步组建以分管领导为组长、各部门负责人为副组长的展览档案管理小组负责开展相关工作。具体工作由综合部负责（档案室归属综合部），其他部门配合，各部门指定一名兼职档案员负责本部门档案材料的收集与移交；各部门负责人、部门兼职档案员纳入档案工作考核，奖优罚劣。定期开展档案业务培训，提升兼职档案员的档案业务水平，新上任档案员参加岗前培训，老档案员参加业务培训、继续教育等，各部门支持配合档案培训工作；适时组织档案员到各地综合档案馆或其他兄弟单位参观学习，交流工作经验。

第二，明确展览档案归档范围。展览立项过程中的方案、专家意见及论证后的修改意见、会议纪要、上报的审批材料等；展出时的展览大纲、展览文本、藏品清单、讲解稿、布撤展方案等，展览宣传通稿、媒体采访报道、反映展出效果的影像材料，根据展览出版的展览图录、展记、折页，参展观众的意见与建议、观众填写的有效调查问卷等；组织与展览相关的各项活动时形成的资料，如专家研讨会资料、开幕式资料、领导讲话稿、重要领导或来宾的签名簿等；协作办展时形成的材料，如与其他单位签订的意向书、协议书、与展览有关的安全责任书等；展览的衍生品，即配合展览所开发的产品。

第三，实行档案集中统一管理。实现档案集中统一管理，采取及时收集和定期收集相结合的办法开展工作。及时收集方式适用于博物馆举办的临时展览，在展览结束后两周内，各部门兼职档案员就把本部门形成的档案材料全部移交到了展览陈列部，由展览陈列部门按照《临时展览归档文件目录》对移交档案进行查验，收集齐全后形成临时展览案卷，年底时统一移交综合部。定期收集方式适用于展览跨度时间比较长的情况，办展过程中各部门要在展览的每个节点，如筹备阶段结束时、办展阶段结束时、展览收尾工作结束时都向综合部移交相应资料，以便整个展览结束后收集完整所有档案资料，并实行集中统一保管。

第四，开展档案数字化工作。要加强展览档案数字化工作，将档案管理系统建设纳入单位信息化建设中，可自行开发展览档案管理软件，也可购买相应的管理软件，实现档案管理系统与 OA 办公软件的无缝对接，使得生成的电子文件能够自动归档保存。此外，要对纸质展览档案进行数字化扫描并纳入档案管理系统，实现"存量数字化、增量电子化"的工作目标。

第五，做好档案编研工作。利用展览档案编研出版书籍。还可在档案管理系统中开辟展览档案数字化编研平台，制作新颖、鲜活、富有表现力的多媒体档案编研成果，突破传统意义上静态化、纸本化的编研模式，提高编研工作质量。

第三节　博物馆人事档案管理

一、博物馆人事档案管理的重要性

人事档案管理，顾名思义是将人事档案的收纳、保管、统计、整理、调整并提供使用，对其管理中形成的记录和个人经历、工作状况、思想品德、业务能力、所受奖惩等方面的情况，以个人为单位归档保存的原始记录。人事档案是个人在人事管理活动中形成的第一手材料，具有原始记录性和真实性，其内容主要反映个人的学习、工作、德才表现等情况。人事档案产生于人事管理活动，既是人事管理活动的产物，又是人事管理活动的基础和依据。

对于博物馆来说，人事档案是一个职工历史的真实记录，可以清楚地了解职工的学习、工作等方面的轨迹，是单位通过对个人履历、政治思想、工作表现、业务成绩、奖励惩罚等多方面的记录，对职工考察、提拔、调动等人事管理工作的参考依据。在办理职工入职、转正、定级、职称评定、保险办理、退休等手续时，人事档案也是必不可少的重要依据。如果没有人事档案，很多手续就无法办理，个人的权益将无法得到落实和保障。

查阅历年来的档案管理事件时发现，档案管理的疏漏不可避免，相比信息化的管理方式，传统管理方法漏洞较多，档案内容记录错误或被误改的事件时有发生。某单位退休员工在办理退休手续时发现，档案中的年龄被20多年前的档案管理人员私自更改，更改原因已不得知，导致其档案记录的出生年月与身份证、户口簿不符，无法按时享受退休社保，经多方协调，仍无能为力，只能推迟退休时间。在此过程中，社保局、派出所、街道办事处、所在工作单位等部门多次协调，都没有找到当初更改年龄的证据和原因，诸如此类由于历史的种种原因导致的关键性错误，后果只能由其本人来承担，甚至会影响一个职工的人生命运。所以人事档案的保管和管理尤为重要，容不得半点马虎。

二、博物馆人事档案管理的一般要求

博物馆人事档案的管理人员要及时了解和掌握人事档案材料的信息，不失时机地将职工个人的人事档案材料收集归档，确保档案等材料不遗失、不损失，保障其安全。归档的人事档案材料要真实规范，对象明确，完整齐全，文字清楚，手续完备。人事档案是每个人原始的第一手资料，是每个单位包括博物馆在内的所有职工最宝贵的个人信息总集，不可复制，一旦错过存档期，就不可重来，是单位每个部门、每个职工相互配合的成果，也正是因为如此，人事档案才能在博物馆中发挥其重要的作用，真正服务于每一位职工。

（1）人事档案的价值性。按照人事档案的归档范围，对材料进行逐一鉴别，判断是否属于人事档案的范围，有无归档保存的价值，把具有保存价值的人事档案材料按规定归档。人事管理工作人员要和财务、工会等行政部门相互协作，密切配合，协助领导管理层做好人事管理工作，做好职工的劳动合同、社会保险、人事任免、职称评定、离退休等相关工作。

（2）人事档案的完整性。在鉴定人事档案的完整性的时候，首先要看档案整体内容的完整性，对照人事档案归档的范围，查看有无缺少哪一项，如有缺少，应及时收集补充。其次是查看每一项材料是否完整、齐全，对于不完整的材料同样要及时加以补充。

（3）人事档案的真实性。所谓人事档案的真实性，就是档案中人事材料的真实性、可靠性，是否如实反映了职工的真实情况。人事档案管理人员在判别归档材料时要做到认真严谨，对人事档案的保管也要严格。人事档案的真实性为科学精准选人用人和从严管理监督干部提供了基础保障和有力的支撑。

（4）人事档案的私密性。人事档案对于每个人来讲是私密的，保证档案的私密性是人事管理人员的职责，就算当事人查阅，也需要办理相关的查阅手续，他人更是无权私自翻阅。

三、博物馆人事档案管理现状及提升措施

博物馆的工作人员大多是学术研究类人员，档案管理工作岗位往往被认为无关紧要，这种误区在学术研究类的单位中似乎长期存在。然而，档案管理与每个人息息相关，无论从事何种职业、何种岗位，没有人事档案的管理，就没有事业的晋升和发展。必须立足于人事档案管理的现状，采纳和借鉴其他优秀的档案管理研究成果，才可以使档案管理工作逐渐走向正规化、科学化的道路。

如今的档案内容越来越完善、全面，然而大多数博物馆的档案管理仍然采用之前的模式，与社会的进步还有一定的差距，内容单一且片面，给领导选拔人才、晋升人才带来了一定的阻碍，对博物馆人才的招聘和对照带来了一定的障碍。提升档案内容的管理可采取以下措施：

第一，加强档案管理人员的培训。进行定期有效的培训是提升档案管理人员工作效率和工作能力的重要举措。每个人都应在学习的过程中不断进步，职工的进步才能推进集体的进步，才能推动博物馆的发展。

第二，加强档案管理工作的宣传。很多人认为人事档案管理工作没那么重要，这是由于该工作宣传的缺失。档案并不只是一张纸而已，它与每个人的一生都息息相关，在工作和生活中有效地约束自身的行为规范，避免违法违纪的行为

出现，就可以避免污点进入档案，其警示人们对自身行为进行约束，是工作人员工作调配和惩罚的重要凭证。

第三，加大对档案管理工作硬件设施的投入。目前博物馆档案管理工作的硬件设施较缺乏，信息化程度较低，内容的归纳不够具体，表述不够精准，积压和丢失的现象依然存在，查阅过程耗时费力，这些都是档案管理工作亟待提升的方面。

简而言之，在现代化快速发展的背景下，博物馆人事档案管理也愈来愈现代化、科技化、信息化，档案管理是昨天、今天、明天的桥梁和纽带，关乎每个人的历史与未来。博物馆的人事档案管理工作应在今后的很长一段时间注重发展和改革，切实做好人事管理的自主权，完善适合本单位的人事用人机制，确立更加有效的竞争激励机制，对人事工作的管理不断加强并提高业务水平，落实与时俱进的综合配套设施，探索真正适合博物馆的档案管理制度，才能有效推进博物馆的建设和发展，积极配合完成国家对事业单位人事管理机制的改革。

第四节　博物馆数字化档案管理

一、数字化档案管理方式的巨大优势

传统的档案管理方式主要是管理人员根据自己的经验和判断，对档案资料进行归档保管，而数字化档案管理方式则能够通过先进的设备、仪器等对档案资料建立起信息数据系统。在进行科学的收集、保管、研究等方面，较于传统的档案管理方式，数字化档案管理有着巨大的优势。

（1）资源利用更加合理，提高经济效益。传统的档案管理方式，需要使用柜架、库房、资料室等，占用空间大，并且常常以增加办公人员和办公经费来解决数量巨大的档案归档、保管问题，致使管理成本大幅上涨；而数字化档案管理则可以利用硬盘、磁盘等媒介，把传统的以纸质为载体的档案信息转化成数字档案，储存空间小，不仅节约了保管费用，节省了占地空间，而且查阅起来极为方便迅速，从而避免了反复印制资料而造成的纸张和人员精力的浪费。

（2）对环境要求较低，所受限制小。传统的档案容易受到光照、温湿度、虫害等因素的影响，尤其是文物档案，对自然环境要求高；数字化档案管理则能够通过编程和信息技术，做到无损要求，更加安全。

（3）操作更加高效快捷。目前，部分博物馆的档案资料在借阅和维护时，仍然需要人工查找，手工填写借阅表，费时费力，也出现因档案资料上架分类不科学，导致借阅档案难以查找的情况；而数字化档案管理把纸质文档通过扫描、录入等方式将信息存储到计算机数据库中，及时归档，以实现检索快捷方便，并能尽快提供利用。以组织部门为例，干部的任用、干部的提拔都需要详细准确的档案信息。而档案数字化管理可提供详细、即时的数据信息，为决策提供服务。与此同时，数字化档案管理使查询资料变得非常简单，档案库也基本从文件实体的保管变成了利用方便的信息控制中心。

（4）有效保护原纸质档案。纸质档案，尤其是珍贵的文物档案，记载着各地灿烂的文化与悠久的历史，必须加以妥善保管，并要想方设法延长其保存期限。现行的纸质材料难以达到这一目的，数字化档案管理能有效地保护档案原件。通过数字化处理制作，以数字化的副本代替原件使用，把原件妥善地保存起来，便可以有效地延长原件的保存时间，以防因长期翻阅造成字迹模糊或破损，更能避免在出现天灾人祸的情况下遭致毁灭性的破坏，达到保护作用，从而从根本上做到保护原件、利用原件，真正发挥档案的作用。这一点在文物档案的管理上尤为显著，在中国客家博物馆的展厅里，虽然标识牌说明禁止触摸展品，但难免有游客会按捺不住好奇心触碰展品，这对展品来说伤害是非常大的，对纸质展品的损害尤为严重，但如果以数字化展品为主，辅以一件原件，加以通柜保护，则能够很好地保护展品文物；尤其是历史久远的档案材料，数字化处理后无疑能对其进行更好的保护；另外，通过数字化处理，能有效防止篡改档案的行为，这对于档案管理人员来说，能够很好地规避责任，同时对档案也起了很好的保护作用。

二、博物馆数字化档案管理的方向探微

第一，增强博物馆档案管理的意识。面对社会发展的新形势，作为博物馆档案管理人员，一定要意识到科学合理的博物馆档案管理是信息化时代的迫切需

求；同时加强对档案管理工作的宣传，博物馆工作者对档案管理要有明确到位的认识，对档案管理工作要有足够的重视，使档案管理工作能够因地制宜高效快捷地开展，保障每一份档案资料都能规范登记、保管，充分发挥博物馆档案的功能。

第二，提高博物馆档案管理人员的专业素质。博物馆档案管理工作量大、周期长、烦琐枯燥，既需要我们拥有良好的职业道德，更需要我们具备过硬的专业知识，与时俱进学习数字化档案管理的相关知识，提高业务素养，把基本知识和操作流程贯穿到档案管理的各个环节，才能适应时代的发展。

第三，建立规范的数字化档案管理模式。博物馆数字化档案管理是智慧博物馆的重要表现，从管理工作的对象——档案来说，需要建立档案管理数据库，把档案的采集、归档、查阅、保管等，转变为数字化，给每一份档案一个"身份证"，并对入库的档案进行后续更新。目前，部分博物馆已着手建立数据库，将每个部室的业务层层分解，建立起梯状数据库模式。从管理的主体——管理人员来说，则需要建立数字化档案管理制度。科学合理的制度向来是保障工作顺利开展的基础，在针对数字化档案管理的进程中，一定要有一套完善的统一的规范标准，对档案入库要求、分类标准，都应有一套规范的流程。

第四，加大资金投入，完善硬件设施。档案管理，从某种意义上来说，就是实现档案管理的无纸化办公，那么在博物馆数字化档案管理建设的过程中，博物馆就必须在各种电子计算机、先进的数字化设施设备以及系统软件上加大投入，这些都是数字化档案管理的基本条件。所以，要真正实现博物馆数字化档案管理，就要在硬件设施上完善和同步，为数字化建设提供有力的保障。

如今，博物馆事业日益繁荣，同时也面临着一些不足，数字化档案管理就是一个方面。博物馆数字化档案管理是建立智慧博物馆的基础，而这是一项漫长、系统的工作，需要我们着力分析博物馆数字化档案管理进程中的各类问题，并积极采取应对措施，克服不足，使博物馆数字化档案管理工作日益完善，把档案的潜在价值最大化，切实推动博物馆数字化档案管理的建设。

结 束 语

　　博物馆主要职责就是对历史文化和精髓进行传承。博物馆藏品是历史的沉淀，具有见证历史、传递文明的价值。博物馆藏品管理是博物馆一项基础性工作。健全的藏品管理法规制度、藏品数字化管理及高素质的藏品管理人员是提高博物馆藏品管理的有效推动力。基于此，本书就博物馆藏品管理与档案建设工作展开探究，对其中所存在的问题予以分析，希望以此能够促进其进一步发展。

参 考 文 献

一、著作类

[1]《博物馆学概论》编写组.博物馆学概论 [M].北京：高等教育出版社，2019.

[2] 耿超.博物馆学理论与实践 [M].北京：科学出版社，2018.

[3] 姜涛，俄军.博物馆学概论 [M].兰州：兰州大学出版社，2013.

[4] 徐玲.博物馆学的思考 [M].郑州：郑州大学出版社，2018.

[5] 张端，刘璐璐，杨阳.新编档案管理实务 [M].成都：电子科技大学出版社，2017.

二、期刊类

[1] 丁一颖，訾鹏.遗址类博物馆标识：功能与文化气质并存 [J].炎黄地理，2022（04）：41–43.

[2] 胡骏.关于博物馆组织与人员管理的几个问题的探讨 [J].中国博物馆，1994（03）：28–30.

[3] 贾晓明.浅谈档案的价值与作用 [J].兰台世界，2012（z4）：20.

[4] 姜雨风.浅谈藏品研究对博物馆发展的重要性 [J].黑河学刊，2018（05）：160–161.

[5] 雷蒙德·阿古斯特，周秀琴.博物馆的法定定义 [J].中国博物馆，1987（01）：86–92.

[6] 刘慧芳.浅析博物馆藏品档案管理 [J].文物鉴定与鉴赏，2019（14）：

131

116–118.

[7] 柳恒 . 博物馆藏品分类的再探索 [J]. 文化产业，2022（15）：91–93.

[8] 马金龙 . 提高博物馆藏品数字化管理工作质量的策略 [J]. 艺术品鉴，2022（12）：100–102.

[9] 齐佳佳 . 博物馆藏品档案管理 [J]. 文化创新比较研究，2018，2（01）：31+33.

[10] 申琳 . 新时期博物馆藏品管理与保护工作的路径探究 [J]. 收藏与投资，2022，13（01）：135–137.

[11] 王丹 . 博物馆藏品档案管理初探 [J]. 山东档案，2021（04）：51–52.

[12] 王丽华 . 博物馆数字化档案管理之我见 [J]. 客家文博，2017（03）：73–76.

[13] 徐海波 . 博物馆藏品的数字化管理 [J]. 炎黄地理，2022（02）：43–46.

[14] 徐敏 . 信息时代对博物馆档案数字化管理工作的思考 [J]. 黑河学刊，2021（01）：13–15.

[15] 严建强，梁晓艳 . 博物馆（MUSEUM）的定义及其理解 [J]. 中国博物馆，2001（01）：18–24.

[16] 杨春媛 . 论档案保管与档案利用 [J]. 兰台世界，2012：66–67.

[17] 臧莹，赵茜 . 博物馆人事档案管理工作浅述 [J]. 文物鉴定与鉴赏，2020（11）：126–127.

[18] 臧钰俊 . 档案登记和统计工作的分析研究 [J]. 办公室业务，2017（13）：107.